（宋）蘇軾 撰

明成化本東坡七集

第八册

國家圖書館出版社

第八册目録

東坡集四十卷（卷第三十—三十四）

東坡集卷第三十

書九首

荅秦太虛書一首

軾啓五月末舍弟來得手書勞問甚厚日欲裁謝因循至今遞中復辱教感愧益甚比日履茲初寒起居何如軾寓居粗遣但舍弟初到筠州即喪一女子而軾亦喪一老乳母悼念未衰又得鄉信堂兄中舍九月中逝去異鄉衰病觸目悽感念人命脆弱如此又承見喻中間得疾不輕且喜復健吾儕漸衰不可復作少年調度當速用道書方士之言厚自養鍊謫居

無事頗窺其一二已借得本州天慶觀道堂三間冬至後當入此室四十九日乃出自非廢放安得就此太虛他日一為仕宦所縻欲求四十九日閑豈可復得耶當及今為之但擇平時所謂簡要易行者日夜為之寢食之外不治他事但滿此期根本立矣此後縱復出從人事事已則心返自不能廢矣此書到日恐已不及然亦不須用冬至也寄示詩文皆超然勝絕亹亹為來逼人矣如我輩亦不勞逼也太虛未免求祿仕方應舉求之應舉不可必竊為君謀宜多著書如所示論兵及盜賊等數篇但似此得數十首皆

卓然有可用之實者不須及時事也但旋作此書亦
不可廢應舉此書若成聊復相示當有知君者想喻
此意也公擇近過此相聚數日說太虛不離口莘老
未嘗得書知未暇通問程公闢須其子履中哀詞軾
本自求作今豈可食言但得罪以來不復作文字自
持頗嚴若復一作則決壞藩墻今後仍復衮衮多言
矣初到黃廩入既絕人口不少私甚憂之但痛自節
儉日用不得過百五十每月朔便取四千五百錢斷
爲三十塊掛屋梁上平旦用畫义挑取一塊即藏去
义仍以大竹筒別貯用不盡者以待賓客此賈耘老

法也度囊中尚可支一歲有餘至時別作經畫水到
渠成不須預慮以此胷中都無一事所居對岸武昌
山水佳絶有蜀人王生在邑中往往為風濤所隔不
能即歸則王生能為殺雞炊黍至數日不厭又有潘
生者作酒店樊口棹小舟徑至店下村酒亦自醇釅
柑橘椑柹極多大芋長尺餘不減蜀中外縣米斗二
十有水路可致羊肉如北方猪牛麞鹿如土魚蟹不
論錢岐亭監酒胡定之載書萬卷隨行喜借人看黄
州曹官數人皆家善庖饌喜作會太虛視此數事吾
事豈不既濟矣乎欲與太虛言者無窮但紙盡耳展

讀至此想見掀髯一笑也子駿固吾所畏其子亦可喜曾與相見否此中有黄岡少府張舜臣者其兄堯臣皆云與太虚相熟兒子每蒙批問適會葬老乳母今勾當作壙未暇拜書歳晚苦寒惟萬萬自重李端叔一書託為達之夜中微被酒書不成字不罪不罪不宣軾再拜

答李琮書一首

軾啓奉别忽然半年思仰無窮近聞公有閨門之戚即欲作書奉慰既罕遇的便又以為書未必能開釋左右徃徃更益悽悵用是稍緩今辱手教慙負不已

竊計高懷遠度必已超然此等情累隨手掃滅猶恐
不脫若更反覆尋繹便纏繞人矣望深以明識照之
軾凡百如昨愚暗少慮輒復隨緣自娛自夏至後杜
門不出惡熱不可過所居又向西多勸遷居遷居非
月餘不能定而熱向衰矣亦復不果如聞公以職事
當須一赴　闕不知果然否承問及王天常奉職所
言邊事天常父齊雄結髮與西南夷戰夷人信畏之
天常幼隨其父入夷中近歲王中正入蜀亦令天常
招撫近界諸夷夷人以其齊雄子亦信用其言向嘗
與軾言瀘州事所以致甫望乞弟作過如此者皆有

條理可聽然皆已往之事雖知之無補又似言人長短故不復録呈獨論今日事勢揣量夷人情僞似有本末天常正月中與軾言播州首領楊貴遷者俗謂之楊通判最近烏蠻而梟武可用又有宋大郎者乞弟之死黨凶猾有謀略若官中見委說楊貴遷令殺宋大郎必可得也數日前有從蜀中來者言貴遷已殺宋大郎納其首級與銀三千兩以此推之天常之言殆不妄也天常言晏州六縣水路十二村諸夷世與乞弟為仇向者熊察訪誘殺十二村首領及近歲韓存寶討殺羅狗姓諸夷皆有脣齒之憂貌畏而心

四、〇九

貳去年乞弟領兵至羅个年屯殺害兵官王宣等十
二人其地去𡨚遠安夷寨至近涉歷諸夷族帳不少
自來自去殊無留難若諸夷不心與之其勢必不能
如此也今欲討乞弟必先有以懷結近界諸夷得其
心腹而後可令韓存寶等諸軍既不敢與乞弟戰但
翺翔於近界百餘里間多殺不作過熟戶老弱而厚
以金帛遺乞弟且遣四人為質然後得乞弟遣人送
一封空降書便與打誓即日班師與運司諸君皆上
表稱賀上深照其實已降手詔械存寶獄中遠人無
不歡快以謂雖漢光武唐太宗料敵察情於萬里之

外不能過也今雖已械存實而後來者亦未見有新巧必勝之術但言乞弟不過有兵三千而官軍無慮三萬何往而不克此正如千鈞車弩可以洞犀象而不可以得鼠耳今粮運止於江安縣自江安至乞弟住坐處猶須十二三程吏士以糗餌行其勢不能過一月乞弟但能深自避匿四五十日則免矣而山谷幽嶮林木沮洳賊於溪谷間依叢木自蔽以藥箭射人血濡縷立死戰士數萬人知深入未爲萬全而將吏不敢復稽留此間事不可不深慮天常言國之用兵正如私家之造屋凡屋若干材石之費穀米之用

為錢若干布筭而定無所贏縮矣工徒入門斧斤之聲鏗然而百用毛起不可復計此慮不素定之過也既作而復聚粮既斵而復求材其費必十倍其工必不堅故王者之兵當如富人之造屋其慮周其規摹素定其取材積粮皆有方故其經營之常遲而其作之常速計日而成不愆于素費半他人而工必倍之今日之策可且罷諸將兵獨精選一轉運使及一瀘州知州許法外行事與二年限令經畫處置他人更不得與多出錢物茶綵於沿邊博買夷人粮米其費必減倉卒夫運之半使辯士招說十州五團晏州六

縣水路十二村羅氏鬼主播州楊貴遷之類作五六
頭項更番出兵以蹂踐乞弟族帳使春不得耕秋不
得穫又嘉戎瀘渝四州皆有土豪為把截將自來雇
一私兵入界用銀七兩每得一蕃人頭用銀三十兩
買之把截將自以為功今可召募此四州人每得二
十級即與補一三班差使如不及二十級即每級官
與絹三十匹出入山谷耐辛苦瘴毒見利則雲合敗
則鳥獸散此本蠻夷之所長而中原之所無柰何也
令若召募諸夷及四州把截將私兵使迭出迭入則
蠻夷之所長我反用之但能積日累月戕殺其丁壯

且使終年釋耒而操兵不及二年其族帳必殺乞弟以降如其未也則乞　朝廷差三五千人將下選兵三路入界西路自江安縣進兵先積粮於寍遠寨以十州五團等諸夷為先鋒以施黔戎瀘四州藥箭努手繼之中路自納溪寨進兵先積粮於本寨亦以諸夷為先鋒以將下兵馬繼之三路中惟此路稍平可以用官軍東路自合江縣進兵先積粮於安溪寨亦以諸夷為先鋒以嘉戎瀘渝四州召募人繼之可以一舉而蕩滅也天常此策雖若不快以蕞爾小醜二年而後定然王者之兵必出於萬全不可以僥倖准

南王安有言厮輿之卒有一不備而歸者雖得越王之首臣猶竊為大漢羞之今乞弟譬猶蚤蝨也克之未足以威四夷萬一不克豈不為卿大夫之辱也哉趙充國征先零鄧訓征羌及月支胡皆以計磨之數年乃克唐明皇欲取石堡城王忠嗣不奉詔以謂非殺二萬人不可取方唐之盛二萬人豈足道哉而賢將謀國終不肯出此者圖萬全也又漢永和中交趾反議者欲發荆揚兖豫四萬人討之獨李固以謂四州之人遠赴萬里無有還期詔書迫促必致叛亡南州温瘴死者必多士卒疲勞比至嶺南不復堪鬬前

四、○九 中郎將尹就討益州叛羌益州諺曰虜來尚可尹來殺我後以兵付刺史張喬因其將吏旬月之間破殄寇虜此發將無益州郡可任之明效也今可募蠻夷使自相攻轉輸金帛以為其資有能反間致頭首者許以封侯之賞因舉祝良為九眞太守張喬為交趾刺史由此嶺外息平今觀其說乃與天常之言若合符節但天常不學言不能起意耳天常又言烏蠻藥箭中者立死無脫理然不能及遠非三十步內不發發無不中今與烏蠻戰當於百步以下五六十步以上強弓弩射之若稍近則短兵徑進於五七步內相

格則其長技皆廢今乞弟亦未是正烏蠻也諸如此
巧便非一不能盡録略舉一二以見天常之練習疑
可驅使耳又有一圖子雖不甚詳密然大略具是矣
按圖以考其說差若易了故以奉呈看訖可却付去
人見還也此非公職事然孜孜尋訪如此以見忠臣
體國知無不為之義也軾其可以罷廢不當言而止
乎雖然亦不可使不知我者見以為詬病也知荊公
見稱經藏文是未離妄語也便蒙印可何哉圓覺經
紙示及得暇為寫下卷令公擇寫上卷秦太虛維揚
勝士固知公喜之無乃亦可令荊公一見之歟子駿

初見報奪一官耳不知其罷郡能不鬱鬱否有一書不知其今安在敢煩左右達之江水比去年甚大郡中不為患見説沙湖鎮頗浸居民亦江淮間常事耳臨皐港既開往來蒙利無窮而居民貿易之入亦不貲但不免少有淤塡議者謂歲發少春夫淘之甚易承問輒及之未緣展奉惟冀以時自重謹奉手啓起居熱甚幸恕不謹軾頓首再拜

荅陳師仲書一首

軾頓首再拜錢塘主簿陳君足下曩在徐州得一再見及見顔長道輩皆言足下文詞卓瑋志節高亮固

欲朝夕相從適會訟訴偶有相關及者遂不復往來此自足下門中不幸亦豈為吏者所樂哉想彼此有以相照已而軾又負罪遠竄流離契闊益不復相聞今者蒙書教累幅相屬之厚又甚於昔者知足下釋然果不以前事介意幸甚幸甚自得罪後雖平生厚善有不敢通問者足下獨犯衆人之所忌何哉及讀所惠詩文不數篇輒拊掌太息此自世間奇男子豈可以世俗趣舍量其心乎詩文皆奇麗所寄不齊而皆歸合於大道軾又何言者其間十常有四五見及或及舍弟何相愛之深也處世齟齬每深自嫌惡不

四、一五

論他人及見足下輩猶如此輒亦少自赦詩能窮人
所從來尚矣而於軾特甚今足下獨不信建言詩不
能窮人爲之益力其詩日巳工其窮殆未可量然亦
在所用而已不龜手之藥或以封安知足下不以此
達乎人生如朝露意所樂則爲之何暇計議窮達云
能窮人者固繆云不能窮人者亦未免有意於畏窮
也江淮間人好食河豚每與人爭河豚本不殺人嘗
戲之性命自子有美則食之何與我事今復以此戲
足下想復千里爲我一笑也先吏部詩幸得一觀輒
題數字繼諸公之末見爲編述超然黄樓二集爲賜

尤重從來不曾編次縱有一二在者得罪日皆為家
人婦女輩焚毀盡矣不知今乃在足下許當為删去
其不合道理者乃可存耳軾於錢塘人有何恩意而
其人至今見念軾亦一歲率常四五夢至西湖上此
殆世俗所謂前緣者在杭州嘗遊壽星院入門便悟
曾到能言其院後堂殿山石處故詩中嘗有前生已
到之語足下主簿於法得出入當復縱游如軾在彼
時也山水窮絶處往往有軾題字想復題其後足下
所至詩但不擇古律以日月次之異日觀之便是行
記有便以一二見寄慰此惘惘其餘慎疾自重不宣

軾頓首再拜

答畢仲舉書一首

軾啓奉別忽十餘年愚懵頓仆不復自比於朋友不
謂故人尚爾記錄遠枉手教存問甚厚且審比來起
居佳勝感慰不可言羅山素號善地不應有瘴癘豈
歲時適爾既無所失亡而有得於齊寵辱忘得喪者
是天相子也僕既以任意直前不用長者所教以觸
罪罟然禍福要不可推避初不論巧拙也黃州瀕江
帶山既適耳目之好而生事百須亦不難致早寢晚
起又不知所謂禍福果安在哉偶讀戰國策見處士

顏蠋之語晚食以當肉欣然而笑若蠋者可謂巧於居貧者也菜羹菽黍差飢而食其味與八珍等而既飽之餘芻豢滿前惟恐其不持去也美惡在我何與於物所云讀佛書及合藥救人二事以為閑居之賜甚厚佛書舊亦嘗看但闇塞不能通其妙獨時取其麤淺假說以自洗濯若農夫之去草旋去旋生雖若無益然終愈於不去也若世之君子所謂超然玄悟者僕不識也往時陳述古好論禪自以為至矣而鄙僕所言為淺陋僕嘗語述古公之所談譬之飲食龍肉也而僕之所學猪肉也猪之與龍則有間矣然公

終日説龍肉不如僕之食猪肉實美而真飽也不知
君所得於佛書者果何耶為出生死超三乘遂作佛
乎抑尚與僕輩俯仰也學佛老者本期於静而達静
似懶達似放學者或未至其所期而先得其所似不
為無害僕常以此自疑故亦以為獻來書云處世得
安穩無病麤衣飽飯不造寃業乃為至足三復斯言
感歎無窮世人所作舉足動念無非是業不必刑殺
無罪取非其有然後為寃業也無無緣面論以當一笑
而已

與朱鄂州書一首

軾啓近遞中奉書必達比日春寒起居何似昨日武
昌寄居王殿直天麟見過偶説一事聞之酸辛為食
不下念非吾康叔之賢莫足告語故專遣此人俗人
區區了眼前事救過不暇豈有餘力及此度外事乎
天麟言岳鄂間田野小人例只養二男一女過此輒
殺之尤諱養女以故民間少女多鰥夫初生輒以冷
水浸殺其父母亦不忍率常閉目背面以手按之水
盆中咿嚶良久乃死有神山鄉百姓石揆者連殺兩
子去歲夏中其妻一産四子楚毒不可堪忍母子皆
斃報應如此而愚人不知創艾天麟每聞其側近有

此輒馳救之量與衣服飲食全活者非一既旬日有無子息人欲乞其子者輒亦不肯以此知其父子之愛天性故在特牽於習俗耳聞鄂人有秦光亨者今已及第為安州司法方其在母也其舅陳遵夢一小兒挽其衣若有所訴比兩夕輒見之其狀甚急遵獨念其姊有娠將產而意不樂多子豈其應是乎馳往省之則兒已在水盆中矣救之得免鄂人户知之準律故殺子孫徒二年此長吏所得按舉願公明以告諸邑令佐使召諸保正告以法律諭以禍福約以必行使歸轉以相語仍録條粉壁曉示且立賞召人告

官賞錢以犯人及鄰保家財充若客户則及其地主
婦人懷孕經涉歲月鄰保地主無不知者若後殺之
其勢足相舉覺容而不告使出賞固宜若依律行遣
數人此風便革公更使令佐各以至意誘諭地主豪
户若實貧甚不能舉子者薄有以賙之人非木石亦
必樂從但得初生數日不殺後雖勸之使殺亦不肯
矣自今以往縁公而得活者豈可勝計哉佛言殺生
之罪以殺胎卵為最重六畜猶爾而況於人俗謂小
兒病為無辜此眞可謂無辜矣悼耄殺人猶不死況
無罪而殺之乎公能生之於萬死中其陰德十倍於

三、九九

雪活壯夫也昔王濬為巴郡太守巴人生子皆不舉
濬嚴其科條寬其徭役所活數千人及後伐吴所活
者皆堪為兵其父母戒之曰王府君生汝汝必死之
古之循吏如此類者非一居今之世而有古循吏之
風者非公而誰此事特未知耳軾向在密州遇饑年
民多弃子因盤量勸誘米得出剩數百石別儲之專
以收養弃兒月給六斗比朞年養者與兒皆有父母
之愛遂不失所所活亦數十人此等事在公如反手
耳恃深契故不自外不罪不罪此外惟為民自重不
宣軾再拜

荅李昭玘書一首

軾啓向得王子中兄弟書具道足下每相見語輒見及意相予甚厚即欲作書以道區區又念方以罪垢廢放平生不相識而相向如此此人必有以不肖欺左右者軾所以得罪正坐名過實耳年大以來平日所好惡憂畏皆衰矣獨畏過實之名如畏虎也以此未敢相聞今獲來書累幅首尾句句皆所畏者謹再拜詞避不敢當然少年好文字雖自不能工喜誦他人之工者今雖老餘習尚在得所示書反復不知厭所稱道雖不然然觀其筆勢俯仰亦足以粗得足下

四、〇二

為人之一二也幸甚幸甚比日履茲春和起居何似軾蒙庇粗遣每念處世窮困所向輒值墻谷無一遂者獨於文人勝士多獲所欲如黃庭堅魯直晁補之無咎秦觀太虛張來文潛之流皆世未之知而軾獨先知之今足下又不見鄙欲相從游豈造物者專欲以此樂見厚也耶然此數子者挾其有餘之資而騖於無涯之知必極其所如往而後已則亦將安所歸宿哉惟明者念有以反之魯直既喪妻絕嗜好蔬食飲水此最勇決舍弟子由亦云學道三十餘年今始粗聞道考其言行則信與昔者有間矣獨軾倀倀焉

未有所得也徐守莘老每有書來亦以此見教想時
相從有以發明王子中兄弟得相依甚幸子敏雖失
解乃得久處左右想遂磨琢成其妙質也徐州城外
有王陵母劉子政二墳向欲為作祠堂竟不暇此為
遺恨近以告莘老不知有意作否若果作當有記文
莘老若不自作者足下當為作也無由面言臨書惘
惘惟順時自愛謹奉手啓為謝不宣軾再拜

答李廌書一首

軾頓首先輩李君足下別後遞中得二書皆未果荅
專人來又辱長牋且審比日孝履無恙感慰深矣惠

示古賦近詩詞氣卓越意趣不凡甚可喜也但微傷
冗後當稍收歛之今未可也足下之文正如川之方
增當極其所至霜降水落自見涯涘然不可不知也
録示孫之翰唐論僕不識之翰今見此書凛然得其
為人至論褚遂良不譖劉洎太子瑛之廢縁張説張
巡之敗縁房琯李光弼不當圖史思明宣宗有小善
而無人君大略皆舊史所不及議論英發暗與人意
合者甚多文讀歐陽文忠公志文司馬君實跋尾益
復慨然然足下欲僕別書此文入石以為之翰不朽
之託何也之翰所立於世者雖無歐陽公之文可也

而况欲託字畫之工以求信於後世不以陋乎足下
相待甚厚而見譽過當非所以為厚也近日士大夫
皆有僭侈無涯之心動輒欲人以周孔譽已自孟軻
以下者皆憮然不滿也此風殆不可長又僕細思所
以得患禍者皆由名過其實造物者所不能堪與無
功而受千鍾者其罪均也深不願人造作言語務相
粉飾以益其疾足下所與游者元聿讀其詩知其為
超然奇逸人也緣足下以得元君為賜大矣唐論文
字不少過煩諸君寫録又以見足下所與游者皆好
學喜事甚善甚善獨所謂未得名世之士為志文則

未葬者恐於禮未安司徒文子問於子思喪服既除然後葬其服何服子思曰三年之喪未葬服不變除何有焉昔晉溫嶠以未葬不得調古之君子有故不得已而未葬則服不變官不調今足下未葬豈有不得已之事乎他日有名世者既葬而表其墓何患焉辱見厚不敢不盡冬寒惟節哀自重

荅張文潛書一首

頓首文潛縣丞張君足下久別思仰到京公私紛然未暇奉書忽辱手教且審起居佳勝至慰至慰惠示文編三復感歎甚矣君之似子由也子由之文實勝

僕而世俗不知乃以爲不如其爲人深不願人知之
其文如其爲人故汪洋澹泊有一唱三歎之聲而其
秀傑之氣終不可沒作黃樓賦乃稍自振厲若欲以
警發憒憒者而或者便謂僕代作此尤可笑是殆見
吾善者機也文字之衰未有如今日者也其源實出
於王氏王氏之文未必不善也而患在於好使人同
己自孔子不能使人同顏淵之仁子路之勇不能以
相移而王氏欲以其學同天下地之美者同於生物
不同於所生惟荒瘠斥鹵之地彌望皆黃茅白葦此
則王氏之同也近見章子厚言先帝晚年甚患文字

之陋欲稍變取士法特未暇耳議者欲稍復詩賦立春秋學官甚美僕老矣使後生猶得見古人之大全者正賴黄魯直秦少游晁無咎陳履常與君等數人耳如聞君作太學博士願益勉之德輶如毛民鮮克舉之我儀圖之愛莫助之此外千萬善愛偶飲卯酒醉來人求書不能復覼縷

荅毛滂書一首

軾啓比日酷暑不審起居何如頃承示長牋及詩文一軸日欲裁謝因循至今悚息今時為文者至多可喜者亦衆然求如足下閑暇自得清美可口者實少

也敬佩厚賜不敢獨饗當出之知者世間唯名實不可欺文章如金玉各有定價先後進相汲引因其言以信於世則有之矣至其品目高下蓋付之衆口決非一夫所能抑揚軾於黄魯直張文潛輩數子特先識之耳始誦其文蓋疑信者相半乆乃自定翕然稱之軾豈能為之輕重哉非獨軾如此雖向之前輩亦不過如此也而况外物之進退此在造物者非軾事辱見貺之重不敢不盡承不乆出都尚得一見否

東坡集卷第三十

重刊明成化本東坡七集

東坡集卷第三十一

記十三首

清風閣記一首

文慧大師應符居成都玉谿上為閣曰清風以書來求文為記五返而益勤余不能已戲為浮屠語以問之曰符而所謂身者汝之所寄也而所謂閣者汝之所以寄所寄也身與閣汝不得有而名烏乎施名將無所施而安用記乎雖然吾為汝放心遺形而強言之汝亦放心遺形而強聽之木生於山水流於淵山與淵且不得有而人以為已有不亦惑歟天地之相

三、六五

磨虛空與有物之相推而風於是焉生執之而不可得也逐之而不可及也汝為居室而以名之吾又為汝記之不亦大惑歟雖然世之所謂已有而不惑者其與是奚辨若是而可以為有耶則雖汝之有是風可也雖為居室而以名之吾又為汝記之可也非惑也風起於蒼茫之間彷徨乎山澤激越乎城郭道路虛徐演漾以汎汝之軒窗欄楯幔帷而不去也汝隱几而觀之其亦有得乎力生於所激而不自為力故不勞形生於所遇而不自為形故不窮嘗試以是觀之

喜雨亭記一首

亭以雨名志喜也古者有喜則以名物示不忘也周公得禾以名其書漢武得鼎以名其年叔孫勝狄以名其子其喜之大小不齊其示不忘一也余至扶風之明年始治官舍為亭於堂之北而鑿池其南引流種樹以為休息之所是歲之春雨麥於岐山之陽其占為有年既而彌月不雨民方以為憂越三月乙卯乃雨甲子又雨民以為未足丁卯大雨三日乃止官吏相與慶於庭商賈相與歌於市農夫相與抃於野憂者以樂病者以愈而吾亭適成於是舉酒於亭上

以屬客而告之曰五日不雨可乎曰五日不雨則無麥十日不雨可乎曰十日不雨則無禾無麥無禾歲且荐饑獄訟繁興而盜賊滋熾則吾與二三子雖欲優遊以樂於此亭其可得耶今天不遺斯民始旱而賜之以雨使吾與二三子得相與優游而樂於此亭者皆雨之賜也其又可忘耶既以名亭又從而歌之曰使天而雨珠寒者不得以為襦使天而雨玉飢者不得以為粟一雨三日繄誰之力民曰太守太守不有歸之天子天子曰不然歸之造物造物不自以為功歸之太空太空冥冥不可得而名吾以名吾亭

鳳鳴驛記一首

始余丙申歲舉進士過扶風求舍於館人既入不可居而出次於逆旅其後六年爲府從事至數日謁客於館視客之所居與其凡所資用如官府如廟觀如數世富人之宅四方之至者如歸其家皆樂而忘去將去既駕雖馬亦顧其阜而嘶余召館吏而問焉吏曰今太守宋公之所新也自辛丑八月而公始至既至逾月而興功五十有五日而成用夫三萬六千木以根計竹以竿計瓦甓坏釘各以枚計稍以石計者二十一萬四千七百二十有八而民未始有知者余

闓而心善之其明年縣令胡允文具石請書其事余
以為有足書者乃書曰古之君子不擇居而安安則
樂樂則喜從事使人而皆喜從事則天下何足治歟
後之君子常有所不屑苟有所不屑則躁否則惰
躁則妄惰則廢既妄且廢則天下之所以不治者
常出於此而不足怪今夫宋公計其所歷而累其勤
使無齟齬於世則今且何為矣而猶為此官哉然而
未甞有不屑之心其治扶風也視其𡨕𩨗者而安植
之求其蒙茸者而疏理之非特傳舍而已事復有小
於傳舍者公未甞不盡心也甞食芻豢者難於食菜

甞衣錦者難於衣布甞為其大者不屑為其小此天下之通患也詩曰豈弟君子民之父母所貴乎豈弟者豈非以其不擇居而安安而樂樂而喜從事歟夫修傳舍誠無足書者以傳舍之修而見公之不擇居而安安而樂樂而喜從事者則是眞足書也

凌虛臺記一首

國於南山之下宜若起居飲食與山接也四方之山莫高於終南而都邑之麗山者莫近於扶風以至近求最高其勢必得而太守之居未甞知有山焉雖非事之所以損益而物理有不當然者此凌虛之所為

築也方其未築也太守陳公杖屨逍遥於其下見山之出於林木之上者纍纍如人之旅行於墻外而見其髻也曰是必有異使工鑿其前為方池以其土築高出於屋之危而止然後人之至於其上者怳然不知臺之高而以為山之踊躍奮迅而出也公曰是宜名凌虚以告其從事蘇軾而求文以為記軾復於公曰物之廢興成毀不可得而知也昔者荒草野田霜露之所蒙翳狐虺之所竄伏方是時豈知有凌虚臺耶廢興成毀相尋於無窮則臺之復為荒草野田皆不可知也嘗試與公登臺而望其東則秦穆之祈年

槖泉也其南則漢武之長楊五柞而其北則隋之仁壽唐之九成也計其一時之盛宏傑詭麗堅固而不可動者豈特百倍於臺而已哉然而數世之後欲求其髣髴而破瓦頹垣無復存者既已化為禾黍荆棘丘墟隴畝矣而況於此臺歟夫臺猶不足恃以長久而況於人事之得喪忽往而忽來者歟而或者欲以夸世而自足則過矣蓋世有足恃者而不在乎臺之存亡也既已言於公退而為之記

中和勝相院記一首

佛之道難成言之使人悲酸愁苦其始學之皆入山

三、九六

林踐荆棘虵虺袒裸雪霜或刲割屠膾燔燒烹煮以肉飼虎豹鳥烏蚊蚋無所不至茹苦含辛更百千萬億生而後成其不能此者猶弃絕骨肉衣麻布食中木之實晝日力作以給薪水糞除莫夜持膏火薰香事其師如生務苦瘠其身自身口意莫不有禁其略十其詳無數終身念之寢食見之如是僅可以稱沙門比丘雖名為不耕而食然其勞苦卑辱則過於農工遠矣計其利害非僥倖小民之所樂今何其弃家毀服壞毛髮者之多也意亦有所便歟寒耕暑耘官又召而役作之凡民之所患苦者我皆免焉吾師之

所謂戒者為愚夫未達者設也若我何用是為剟其
患專取其利不如是而已又愛其名治其荒唐之説
攝衣升坐問荅自若謂之長老吾甞究其語矣大抵
務為不可知設械以應敵匿形以備敗窘則推墮滉
漾中不可捕捉如是而已矣吾遊四方見輒反覆折
困之度其所從遁而逆閉其塗往往面頸發赤然業
已為是道勢不得以惡聲相反則笑曰是外道魔人
也吾之於僧慢侮不信如此今寶月大師惟簡乃以
其所居院之本末求吾文為記豈不謬哉然吾昔者
始遊成都見文雅大師惟度器宇落落可愛渾厚人

也能言唐末五代事傳記所不載者因是與之遊甚熟惟簡則其同門友也其為人精敏過人事佛齊衆謹嚴如官府二僧皆吾之所愛而此院又有唐僖宗皇帝像及其從官文武七十五人其奔走失國與其所以將亡而不遂滅者既足以感槩太息而畫又皆精妙冠世有足稱者故強為記之始居此者京兆人廣寂大師希讓傳六世至度與簡簡姓蘇氏眉山人吾遠宗子也今主是院而度亡矣

四菩薩閣記一首

始吾先君於物無所好燕居如齋言笑有時顧嘗嗜

畫弟子門人無以悦之則爭致其所嗜庶幾一解其
顔故雖爲布衣而致畫與公卿等長安有故藏經龕
唐明皇帝所建其門四達八版皆吴道子畫陽爲菩
薩陰爲天王凡十有六軀廣明之亂爲賊所焚有僧
忘其名於兵火中拔其四版以逃既重不可負又迫
於賊恐不能　全遂竅其兩版以受荷西奔於岐而
寄死於烏牙之僧舍版留於是百八十年矣客有以
錢十萬得之以示軾者軾歸其直而取之以獻諸先
君先君之所嗜百有餘品一旦以是四版爲甲治平
四年先君沒於京師軾自汴入淮泝于江載是四版

以歸既免喪所嘗與往來浮屠人惟簡誦其師之言
教軾為先君捨施必所甚愛與所不忍捨者軾用其
說思先君之所甚愛軾之所不忍捨者莫若是版故
遂以與之且告之曰此明皇帝之所不能守而焚於
賊者也而況於余乎余視天下之蓄此者多矣有能
及三世者乎其始求之若不及既得惟恐失之而其
子孫不以易衣食者鮮矣余惟自度不能長守此也
是以與子子將何以守之簡曰吾以身守之吾眼可
霍吾足可斮吾畫不可奪若是足以守之歟軾曰未
也足以終子之世而已簡曰　又盟於佛而以鬼守

之凡取是者與凡以是予人者其罪如律若是足以守之歟軾曰未也世有無佛而蔑鬼者然則何以守之曰軾之以是予子者凡以爲先君捨也天下豈有無父之人歟其誰忍取之若其聞是而不悛不惟一觀而已將必取之然後爲快則其人之賢愚與廣明之焚此者一也全其子孫多矣而况能久有此乎且夫不可取者存乎子取不取者存乎人子勉之矣爲子之不可取者而已又何知焉旣以予簡簡以錢百萬度爲大閣以藏之且畫先君象其上軾助錢二十之一期以明年冬閣成熙寧元年十月二十六日

記

墨君堂記一首

凡人相與號呼者貴之則曰公賢之則曰君自其下則爾汝之雖公卿之貴天下貌畏而心不服則進而君公退而爾汝者多矣獨王子猷謂竹君天下從而君之無異辭今與可又能以墨象君之形容作堂以居君而屬余為文以頌君德則與可之於君信厚矣與可之為人也端靜而文明哲而忠士之脩絜博習朝夕磨治洗濯以求交於與可者非一人也而獨厚君如此君又疎簡抗勁無聲色臭味可以娛悅人之

耳目鼻口則與可之厚君也其必有以賢君矣世之
能寒燠人者其氣燄亦未至若雪霜風雨之切於肌
膚也而士鮮不以爲欣戚喪其所守自植物而言之
四時之變亦大矣而君獨不顧雖微與可天下其孰
不賢之然與可獨能得君之深而知君之所以賢雍
容談笑揮灑奮迅而盡君之德稚壯枯老之容披折
偃仰之勢風雪凌厲以觀其操崖石犖确以致其節
得志遂茂而不驕不得志瘁瘠而不辱群居不倚獨
立不懼與可之於君可謂得其情而盡其性矣余雖
不足以知君願從與可求君之昆弟子孫族屬朋友

三、九六

之象而藏於吾室以為君之別館云

淨因院畫記一首

余嘗論畫以為人禽宮室器用皆有常形至於山石竹木水波煙雲雖無常形而有常理常形之失人皆知之常理之不當雖曉畫者有不知故凡可以欺世而取名者必託於無常形者也雖然常形之失止於所失而不能病其全若常理之不當則舉廢之矣以其形之無常是以其理不可不謹也世之工人或能曲盡其形而至於其理非高人逸才不能辨與可之於竹石枯木眞可謂得其理者矣如是而生如是而

死如是而攣拳瘠蹙如是而條達遂茂根莖節葉牙角脉縷千變萬化未始相襲而各當其處合於天造厭於人意蓋達士之所寓也歟昔歲嘗畫兩叢竹於淨因之方丈其後出守陵陽而西也余與之偕别長老道臻師又畫兩竹梢一枯木於其東齋臻方治四壁於法堂而請於與可與可旣許之矣故余并為記之必有明於理而深觀之者然後知余言之不妄

墨妙亭記一首

凞寧四年十一月高郵孫莘老自廣德移守吴興其明年二月作墨妙亭於府第之北逍遥堂之東取凡

四〇一

境内自漢以來古文遺刻以實之吳興自東晉為善地號為山水清遠其民足於魚稻蒲蓮之利寡求而不爭賓客非特有事於其地者不至焉故凡守郡者率以風流嘯咏投壺飲酒為事自莘老之至而歲適大水上田皆不登湖人大飢將相率亡去莘老大振廩勸分躬自撫循勞來出於至誠富有餘者皆爭出穀以佐官所活至不可勝計當是時　朝廷方更化立法使者旁午以為莘老當日夜治文書赴期會不能復雍容自得如故事而莘老益喜賓客賦詩飲酒為樂又以其餘暇罔羅遺逸得前人賦詠數百篇為

吳興新集其刻畫尚存而僵仆斷缺於荒陂野草之間者又皆集於此亭是歲十二月余以事至湖周覽歎息而莘老求文為記或以謂余凡有物必歸於盡而恃形以為固者尤不可長雖金石之堅俄而變壞至於功名文章其傳世垂後猶為差久今乃以此託於彼是久存者反求助於速壞此既昔人之惑而莘老又將深藏大屋以錮留之推是意也其無乃幾於不知命也夫余以為知命者必盡人事然後理足而無憾物之有成必有壞譬如人之有生必有死而國之有興必有亡也雖知其然而君子之養身也凡可

以久生而緩死者無不用其治國也凡可以存存而救亡者無不爲至於不可柰何而後已此之謂知命是亭之作否無足爭者而其理則不可以不辨故具載其説而列其名物於左云

墨寶堂記一首

世人之所共嗜者美飲食華衣服好聲色而已有人焉自以爲高而笑之彈琴奕棊蓄古法書圖畫客至出而夸觀之自以爲至矣則又有笑之者曰古之人所以自表見於後世者以有言語文章也是惡足好而豪傑之士又相與笑之以爲士當以功名聞於世

若乃施之空言而不見於行事此不得已者之所為也而其所謂功名者自智效一官等而上之至於伊呂稷契之所營劉項湯武之所爭極矣而或者猶未免乎笑曰是區區者曾何足言而許由辭之以為難孔丘知之以為博由此言之世之相笑豈有既乎士方志於其所欲得雖小物有弃軀忘親而馳之者故有好書而不得其法則拊心歐血幾死而僅存至於剖冢斲棺而求之是豈有聲色臭味足以移人哉方其樂之也雖其口不能自言而況他人乎人特以己之不好笑人之好則過矣毗陵人張君希元家世好

書所蓄古今人遺跡至多盡刻諸石築室而藏之屬余爲記余蜀人也蜀之諺曰學書者紙費學醫者人費此言雖小可以喻大世有好功名者以其未試之學而驟出之於政其費人豈特醫者之比乎今張君以兼人之能而位不稱其才優游終歲無所役其心智則以書自娛然以余觀之君豈久閑者蓄極而通必將大發之於政君知政之費人也甚於醫則願以余之所言者爲鑒

錢塘六井記一首

潮水避錢塘而東擊西陵所從來遠矣沮洳斥鹵化

為桑麻之區而久乃為城邑聚落凡今州之平陸皆
江之故地其水苦惡惟負山鑿井乃得甘泉而所及
不廣唐宰相李公長源始作六井引西湖水以足民
用其後剌史白公樂天治湖浚井刻石湖上至于今
賴之始長源六井其最大者在清湖中為相國井其
西為西井少西而北為金牛池又北而西附城為方
井為白龜池又北而東至錢塘縣治之南為小方井
而金牛之廢久矣嘉祐中太守沈公文通又於六井
之南絕河而東至美俗坊為南井出湧金門並湖而
北有水閘三注以石溝貫城而東者南井相國方井

之所從出也若西井則相國之泒別者也而白龜池小方井皆為匽溝湖底無所用聞此六井之大略也熙寧五年秋太守陳公述古始至問民之所病皆曰六井不治民不給於水南井溝庳而井高水行地中率常不應公曰嘻甚矣吾在此可使民求水而不得乎乃命僧仲文子珪辦其事仲文子珪又引其徒如正思坦以自助凡出力以佐官者二十餘人於是發溝易甃完緝罅漏而相國之水大至坎滿溢流南注于河千艘更載瞬息百斛以方井為近於濁惡而遷之少西不能五步而得其故基父老驚曰此古方井

也民李甲遷之於此六十年矣疏涌金池為上中下
使澣衣浴馬不及於上池而列二閘於門外其一赴
三池而決之河其一納之石檻比竹為五管以出之
並河而東絕三橋以入于石溝注于南井水之所從
來高則南井常厭水矣凡為水閘四皆垣墻扃鐍以
護之明年春六井畢修而歲適大旱自江淮至浙右
井皆竭民至以罌缶貯水相餉如酒醴而錢塘之民
肩足所任舟楫所及南出龍山北至長河鹽官海上
皆以飲牛馬給沐浴方是時汲者皆誦佛以祝公余
以為水者人之所甚急而旱至於井竭非歲之所常

三八九 有也以其不常有而忽其所甚急此天下之通患也豈獨水哉故詳其語以告後之人使雖至於久遠廢壞而猶有考也

仁宗皇帝御飛白記一首

問世之治亂必觀其人問人之賢不肖必以世考之孟子曰誦其詩讀其書不知其人可乎是以論其世也合抱之木不生於步仞之丘千金之子不出於三家之市臣嘗逮事 仁宗皇帝其愚不足以測知聖德之所至獨私竊覽觀四十餘年之間左右前後之人其大者固已光明儁偉深厚雄傑不可窺較而

其小者猶能敦朴愷悌靖恭持重號稱長者當是之
時天人和同上下驩心才智不用而道德有餘功業
難名而福禄無窮升遐以來十有二年若臣若子罔
有内外下至深山窮谷老婦稚子外薄四海裔夷君
長見當時之人聞當時之事未有不流涕稽首者也
此豈獨上之澤歟凡在廷者與有力焉太子少傅安
簡王公諱舉正臣不及見其人矣而識其為人其
流風遺俗可得而稱者以世考之也熙寗六年冬以
事至姑蘇其子誨出慶曆中所賜公端敏字二飛白
筆一以示臣且謂臣記之將刻石而傳諸世臣官在

太常職在太史於法得書且以為抱烏號之弓不若藏此筆寶曲阜之屨不若傳此書考追蠡以論音聲不若推黜晝以究觀其所用之意存昌歜以追嗜好不若因褒貶以想見其所與之人或藏於名山或流於四方凡見此者皆當聳然而作如望旄頭之塵而聽屬車之音相與勉為忠厚而恥為浮薄或由此也夫

大悲閣記一首

羊豕以為羞五味以為和秫稻以為酒麴蘖以作之天下之所同也其材同其水火之齊均其寒煖燥濕

之候一也而二人為之則美惡不齊豈其所以美者不可以數取歟然古之為方者未嘗遺數也能者即數以得妙不能者循數以得其略其出一也有能有不能而精粗見焉人見其二也則求精於數外而弃迹以逐妙曰我知酒食之所以美也而略其分齊捨其度數以為不在是也而一以意造則其不為人之所嘔弃者寡矣今吾學者之病亦然天文地理音樂律歷宮廟服器冠昏喪紀之法春秋之所去取禮之所可刑之所禁歷代之所以廢興與其人之賢不肖此學者之所宜盡力也曰是皆不足學學其不可傳

於書而載於口者子夏曰日知其所亡月無忘其所
能可謂好學也已古之學者其所亡與其所能皆可
以一二數而日月見也如今世之學其所亡者果何
物而所能者果何事歟孔子曰吾嘗終日不食終夜
不寢以思無益不如學也由是觀之廢學而徒思者
孔子之所禁而今世之所上也豈惟吾學者至於為
佛者亦然齋戒持律講誦其書而崇飾塔廟此佛之
所以日夜教人者也而其徒或者以為齋戒持律不
如無心講誦其書不如無言崇飾塔廟不如無為其
中無心其口無言其身無為則飽食而嬉而已是為

大以欺佛者也杭州鹽官安國寺僧居則自九歲出家十年而得惡疾且死自誓於佛願持律終身且造千手眼觀世音像而誦其名千萬口病已而力不給則縮衣節口三十餘年銖積寸累以迄于成其高九仞為大屋四重以居之而求文以為記余甞以斯語告東南之士矣蓋僅有從者獨喜則之勤苦從事於有為篤志守節老而不衰異夫為大以欺佛者故為記之且以風吾黨之士云

東坡集卷第三十一

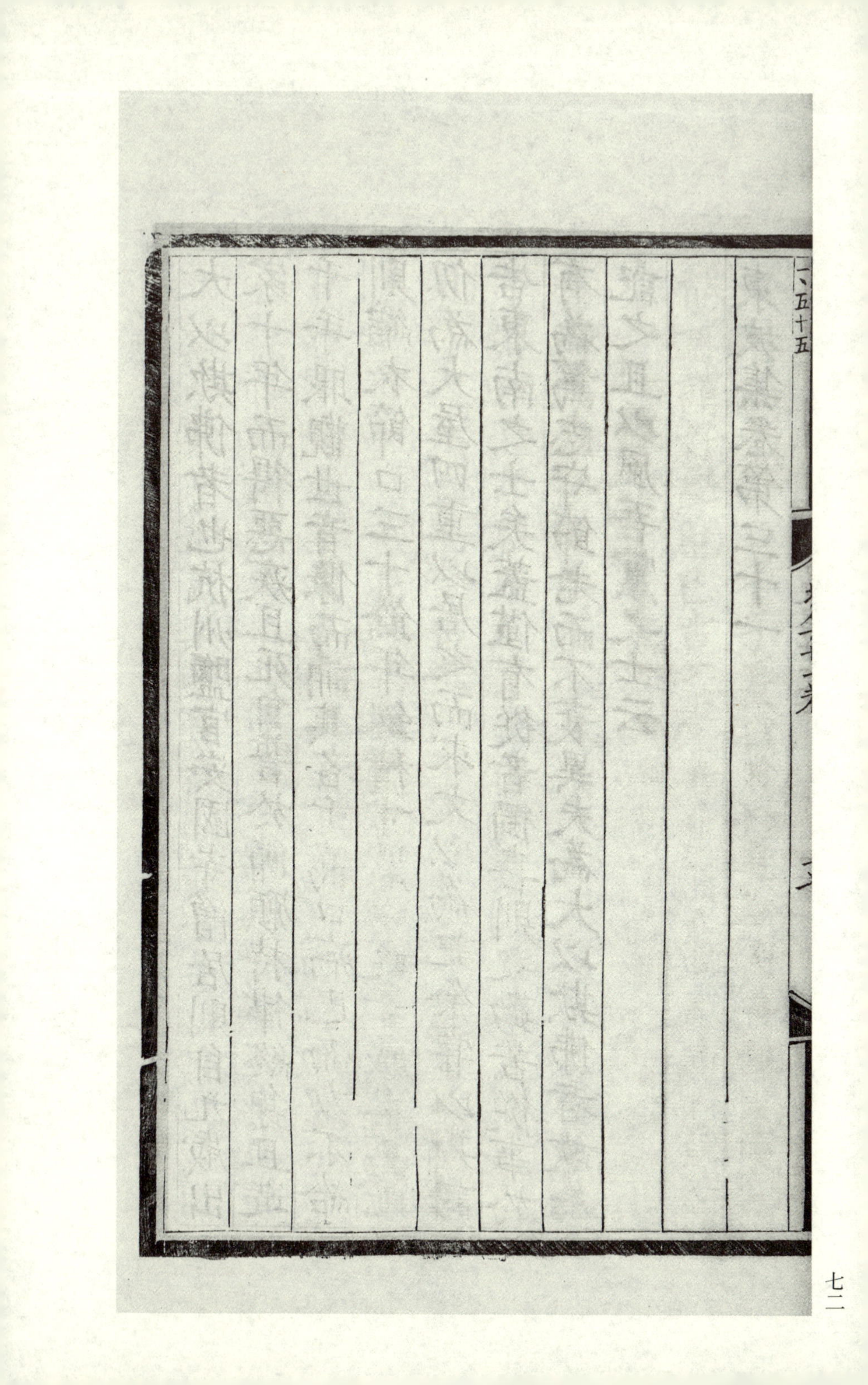

東坡集卷第三十二

記十四首

超然臺記一首

凡物皆有可觀苟有可觀皆有可樂非必怪奇瑋麗者也餔糟啜漓皆可以醉果蔬草木皆可以飽推此類也吾安往而不樂夫所為求福而辭禍者以福可喜而禍可悲也人之所欲無窮而物之可以足吾欲者有盡美惡之辨戰乎中而去取之擇交乎前則可樂者常少而可悲者常多是謂求禍而辭福夫求禍而辭福豈人之情也哉物有以蓋之矣彼遊於物之

内而不遊於物之外物非有大小也自其内而觀之
未有不高且大者也彼挾其高大以臨我則我常眩
亂反覆如隙中之觀鬬又烏知勝負之所在是以美
惡横生而憂樂出焉可不大哀乎余自錢塘移守膠
西釋舟楫之安而服車馬之勞去雕墻之美而蔽采
椽之居背湖山之觀而行桑麻之野始至之日歲比
不登盜賊滿野獄訟充斥而齋厨索然日食杞菊人
固疑余之不樂也處之朞年而貌加豐髪之白者日
以反黒余既樂其風俗之淳而其吏民亦安予之拙
也於是治其園圃絜其庭宇伐安丘高密之木以脩

補破敗爲苟完之計而園之北因城以爲臺者舊矣稍葺而新之時相與登覽放意肆志焉南望馬耳常山出沒隱見若近若遠庶幾有隱君子乎而其東則盧山秦人盧敖之所從遁也西望穆陵隱然如城郭師尚父齊桓公之遺烈猶有存者北俯濰水慨然太息思淮陰之功而弔其不終臺高而安深而明夏涼而冬溫雨雪之朝風月之夕余未嘗不在客未嘗不從擷園蔬取池魚釀秫酒瀹脫粟而食之曰樂哉遊乎方是時余弟子由適在濟南聞而賦之且名其臺曰超然以見余之無所往而不樂者蓋遊於物之外

也

雩泉記一首

常山在東武郡治之南二十里不甚高大而下臨城中如在山下雉堞樓觀髣髴可數自城中望之如在城上起居寢食無往而不見山者其神食於斯民固宜也東武濱海多風而溝瀆不留故率常苦旱禱於兹山未嘗不應民以其可信而恃蓋有常德者故謂之常山熙寧八年春夏旱軾再禱焉皆應如響乃新其廟廟門之西南十五步有泉汪洋折旋如車輪清涼滑甘冬夏若一餘流溢去達于山下兹山之所以

能常其德出雲為雨以信於斯民者意其在此而號稱不立除治不嚴農民易之乃琢石為井其深七尺廣三之二作亭於其上而名之曰雩泉古者謂吁嗟而求雨曰雩今民吁嗟其所不獲而呻吟其所疾痛亦多矣吏有能聞而哀之荅其所求如常山雩泉之可信而恃者乎軾以是愧於神乃作吁嗟之詩以遺東武之民使歌以祀神而勉吏云吁嗟常山東武之望匪石巖巖惟德之常吁嗟雩泉惟山之激維水作聰我民所噫我歌雲漢于泉之側誰其尸之涌溢赴節堂堂在位有號不聞我愧于中何以籲神神尸其

昧我職其著各率爾職神不汝弃酌山之泉言揉其蔬窕以薦神神其吐之

醉白堂記一首

故魏國忠獻韓公作堂於私第之池上名之曰醉白取樂天池上之詩以為醉白堂之歌意若有羡於樂天而不及者天下之士聞而疑之以為公既已無愧於伊周矣而猶有羡於樂天何哉軾聞而笑曰公豈獨有羡於樂天而已乎方且願為尋常無聞之人而不可得者天之生是人也將使任天下之重則寒者求衣飢者求食凡不獲者求得苟有以與之將不勝

其求是以終身處乎憂患之域而行乎利害之塗豈
其所欲哉夫忠獻公既已相　三帝安天下矣浩然
將歸老於家而天下共挽而留之莫釋也當是時其
有羨於樂天無足怪者然以樂天之平生而求之於
公較其所得之厚薄淺深孰有孰無則後世之論有
不可欺者矣文致太平武定亂略謀安宗廟而不自
以為功急賢才輕爵禄而士不知其恩殺伐果敢而
六軍安之四夷八蠻想聞其風采而天下以其身為
安危此公之所有而樂天之所無也乞身于強健之
時退居十有五年日與其朋友賦詩飲酒盡山水園

池之樂府有餘帛廩有餘粟而家有聲伎之奉此樂
天之所有而公之所無也忠言嘉謀效於當時而文
采表於後世死生窮達不易其操而道德高於古人
此公與樂天之所同也公既不以其所有自多亦不
以其所無自少將推其同者而自託焉方其寓形於
一醉也齊得喪忘溉福混貴賤等賢愚同乎萬物而
與造物者遊非獨自比於樂天而已古之君子其處
已也厚其取名也廉是以實浮於名而世誦其美不
厭以孔子之聖而自比於老彭自同於丘明自以為
不如顏淵後之君子實則不至而皆有侈心焉臧武

仲自以為聖白圭自以為禹司馬長卿自以為相如楊雄自以為孟軻崔浩自以為子房然世終莫之許也由此觀之忠獻公之賢於人也遠矣昔公嘗告其子忠彦將求文於軾以為記而未果既葬忠彦以告軾以為義不得詞也乃泣而書之

蓋公堂記一首

始吾居鄉有病寒而欬者問於醫醫以為蠱不治且殺人取其百金而治之飲以蠱藥攻伐其腎腸燒灼其體膚禁切其飲食之美者朞月而百疾作内熱惡寒而欬不已纍然眞蠱者也又求諸醫醫以為熱授

之以寒藥旦朝吐之莫夜下之於是始不能食懼而反之則鍾乳烏喙雜然並進而漂疽癰疥眩瞀之狀無所不至三易醫而疾愈甚里老父教之曰是醫之辠藥之過也子何疾之有人之生也以氣爲主食爲輔今子終日藥不釋口臭味亂于外而百毒戰于内勞其主隔其輔是以病也子退而休之謝醫却藥而進所嗜氣完而食美矣則夫藥之良者可以一飲而效從之朞月而病良已昔之爲國者亦然吾觀夫秦自孝公以來至于始皇立法更制以鐫磨鍛鍊其民可謂極矣蕭何曹參親見其斲喪之禍而收其民於

百戰之餘知其厭苦憔悴無聊而不可與有為也是以一切與之休息而天下安始參為齊相召長老諸先生問所以安集百姓而齊故諸儒以百數言人人殊參未知所定聞膠西有蓋公善治黄老言使人請之蓋公為言治道貴清静而民自定推此類具言之參於是避正堂以舍蓋公用其言而齊大治其後以其所以治齊者治天下天下至今稱賢焉吾為膠西守知公之為邦人也求其墳墓子孫而不可得慨然懐之師其言想見其為人庶幾復見如公者治新寢於黄堂之北易其弊陋達其蔽重門洞開盡城之南

北相望如引繩名之曰蓋公堂時從賔客僚吏遊息其間而不敢居以待如公者焉夫曹參為漢宗臣而蓋公為之師可謂盛矣而史不記其所終豈非古之至人得道而不死者歟膠西東並海南放于九仙北屬之牢山其中多隱君子可聞而不可見可見而不可致安知蓋公不往來其間乎吾何足以見之

李氏山房藏書記一首

象犀珠玉恠珎之物有悅於人之耳目而不適於用金石草木絲麻五穀六材有適於用而用之則弊取之則竭悅於人之耳目而適於用用之而不弊取之

而不竭賢不肖之所得各因其才仁智之所見各隨其分才分不同而求無不獲者惟書乎自孔子聖人其學必始於觀書當是時惟周之柱下史聃爲多書韓宣子適魯然後見易象與魯春秋季札聘於上國然後得聞詩之風雅頌而楚獨有左史倚相能讀三墳五典八索九丘士之生於是時得見六經者蓋無幾其學可謂難矣而皆習於禮樂深於道德非後世君子所及自秦漢以來作者益衆紙與字畫日趨於簡便而書益多世莫不有然學者益以苟簡何哉余猶及見老儒先生自言其少時欲求史記漢書而不

可得幸而得之皆手自書日夜誦讀惟恐不及近歲市人轉相摹刻諸子百家之書日傳萬紙學者之於書多且易致如此其文詞學術當倍蓰於昔人而後生科舉之士皆束書不觀遊談無根此又何也余友李公擇少時讀書於廬山五老峯下白石庵之僧舍公擇既去而山中之人思之指其所居為李氏山房藏書凡九千餘卷公擇既已涉其流探其源採剥其華實而咀嚼其膏味以為己有發於文詞見於行事以聞名於當世矣而書固自如也未嘗少損將以遺來者供其無窮之求而各足其才分之所當得是以

不藏於家而藏於其故所居之僧舍此仁者之心也余既衰且病無所用於世惟得數年之間盡讀其所未見之書而廬山固所願遊而不得者蓋將老焉盡發公擇之藏拾其餘弃以自補庶有益乎而公擇求余文以為記乃為一言使來者知昔之君子見書之難而今之學者有書而不讀為可惜也

寶繪堂記一首

君子可以寓意於物而不可以留意於物寓意於物雖微物足以為樂雖尤物不足以為病留意於物雖微物足以為病雖尤物不足以為樂老子曰五色令

人目盲五音令人耳聾五味令人口爽馳騁田獵令人心發狂然聖人未嘗廢此四者亦聊以寓意焉耳劉備之雄才也而好結髦嵇康之達也而好鍛鍊阮孚之放也而好蠟屐此豈有聲色臭味也哉而樂之終身不厭凡物之可喜足以悅人而不足以移人者莫若書與畫然至其留意而不釋則其禍有不可勝言者鍾繇至以此嘔血發冢宋孝武王僧虔至以此相忌桓玄之走舸王涯之複壁皆以兒戲害其國凶其身此留意之禍也始吾少時嘗好此二者家之所有惟恐其失之人之所有惟恐其不吾予也既而自笑

曰吾薄富貴而厚於書輕死生而重畫豈不顛倒錯
繆失其本心也哉自是不復好見可喜者雖時復蓄
之然為人取去亦不復惜也譬之煙雲之過眼百鳥
之感耳豈不欣然接之去而不復念也於是乎二物
者常為吾樂而不能為吾病駙馬都尉王君晉卿雖
在戚里而其被服禮義學問詩書常與寒士角平居
攘去膏粱屏遠聲色而從事於書畫作寶繪堂於私
第之東以蓄其所有而求文以為記恐其不幸而類
吾少時之所好故以是告之庶幾全其樂而遠其病
也熙寧十年七月二十二日記

眉州遠景樓記一首

吾州之俗有近古者三其士大夫貴經術而重氏族其民尊吏而畏法其農夫合耦以相助蓋有三代漢唐之遺風而他郡之所莫及也始朝廷以聲律取士而天聖以前學者猶襲五代文弊獨吾州之士通經學古以西漢文詞為宗師方是時四方指以為迂闊至於郡縣胥史皆挾經載筆應對進退有足觀者而大家顯人以門族相上推次甲乙皆有定品謂之江鄉非此族也雖貴且富不通婚姻其民事太守縣令如古君臣既去輒畫像事之而其賢者則記録其行

事以為口實至四五十年不忘商賈小民常儲善物而別異之以待官吏之求家藏律令往往通念而不以為非雖薄刑小罪終身有不敢犯者歲二月農事始作四月初吉穀稚而草壯耘者畢出數十百人為曹立表下漏鳴鼓以致衆擇其徒為衆所畏信者二人一人掌鼓一人掌漏進退作止惟二人之聽鼓之而不至至而不力皆有罰量田計功終事而會之田多而丁少則出錢以償衆七月既望穀艾而草衰則仆鼓決漏取罰金與償衆之錢買羊豕酒醴以祀田祖作樂飲食醉飽而去歲以為常其風俗蓋如此故

其民皆聰明才智務本而力作易治而難服守令始至視其言語動作輒了其為人其明且能者不復以事試終日寂然苟不以其道則陳義秉法以譏切之故不知者以為難治令太守黎侯希聲軾先君子之友人也簡而文剛而仁明而不苛衆以為易事既滿將代不忍其去相率而留之上不奪其請既留三年民益信遂以無事因守居之北墉而增築之作遠景樓日與賓客僚吏游處其上軾方為徐州吾州之人以書相往來未嘗不道黎侯之善而求文以為記嗟夫軾之去鄉久矣所謂遠景樓者雖想見其處而

不能道其詳矣然州人之所以樂斯樓之成而欲記焉者豈非上有易事之長而下有易治之俗也哉孔子曰吾猶及史之闕文也有馬者借人乘之今亡矣夫是二者於道未有大損益也然且録之今吾州近古之俗獨能累世而不遷蓋耆老昔人豈弟之澤而賢守令撫循教誨不倦之力也可不録乎若夫登臨覽觀之樂山川風物之美軾將歸老於故丘布衣幅巾從邦君於其上酒酣樂作援筆而賦之以頌黎侯之遺愛尚未晚也元豐元年七月十五日記

滕縣公堂記一首

君子之仕也以其才易天下之養也才有大小故養有厚薄苟有益於人雖厲民以自養不為泰是故飲食必豐車服必安宮室必壯使令之人必給則人輕去其家而重去其國如使衣食菲惡不如吾私宮室弊陋不如吾廬使令之人朴野不足不如吾僮奴雖君子安之無不可者然人之情所以去父毋捐墳墓而遠游者豈厭安逸而思勞苦也哉至於宮室蓋有所從受而傳之無窮非獨以自養也今日不治後日之費必倍而比年以來所在務為儉陋尤諱土木營造之功欹仄腐壞轉以相付不敢擅易一椽此何義

也滕古邑也在宋魯之間號為難治庭宇陋甚莫有葺者非惟不敢亦不暇自天聖元年縣令太常博士張君太素實始改作凡五十有三年而贊善大夫范君純粹自公府掾謫為令復一新之公堂吏舍凡百一十有六間高明碩大稱子男邦君之居而寢室未治范君非嫌於奉己也曰吾力有所未暇而已昔毛孝先崔季珪用事士皆變易車服以求名而徐公不改其常故天下以為泰其後世俗日以奢靡而徐公固自若也故天下以為嗇君子之度一也時自二耳元豐元年七月二十二日尚書祠部員外郎直史館

權知徐州軍州事蘇軾記

莊子祠堂記一首

莊子蒙人也嘗為蒙漆園吏沒千餘歲而蒙未有祀之者縣令祕書丞王兢始作祠堂求文以為記謹按史記莊子與梁惠王齊宣王同時其學無所不闚然要本歸於老子之言故其著書十餘萬言大抵率寓言也作漁父盜跖胠篋以詆訾孔子之徒以明老子之術此知莊子之粗者余以為莊子蓋助孔子者要不可以為法耳楚公子微服出亡而門者難之其僕操箠而罵曰隸也不力門者出之事固有倒行而逆

施者以僕爲不愛公子則不可以爲事公子之法亦不可故莊子之言皆實予而文不予陽擠而陰助之其正言蓋無幾至於詆訾孔子未嘗不微見其意其論天下道術自墨翟禽滑釐彭蒙慎到田駢關尹老聃之徒以至於其身皆以爲一家而孔子不與其尊之也至矣然余嘗疑盜蹠漁父則若眞詆孔子者至於讓王説劒皆淺陋不入於道反復觀之得其寓言之意終曰陽子居西遊於秦遇老子老子曰而睢睢而盱盱而誰與居太白若辱盛德若不足陽子居蹵然變容其往也舍者將迎其家公執席妻執巾櫛舍者

避席煬者避竈其反也舍者與之爭席矣去其讓王說劒漁父盜跖四篇以合於列禦寇之篇曰列禦寇之齊中道而反曰吾驚焉吾食於十漿而五漿先餽然後悟而笑曰是固一章也莊子之言未終而昧者勦之以入其言余不可以不辨凡分章名篇皆出於世俗非莊子本意元豐元年十一月十九日記

放鶴亭記一首

熙寧十年秋彭城大水雲龍山人張君之草堂水及其半扉明年春水落遷於故居之東東山之麓升高而望得異境焉作亭於其上彭城之山岡嶺四合隱

然如大環獨缺其西十二而山人之亭適當其缺春夏之交草木際天秋冬雪月千里一色風雨晦明之間俯仰百變山人有二鶴甚馴而善飛旦則望西山之缺而放焉縱其所如或立於陂田或翔於雲表莫則傃東山而歸故名之曰放鶴亭郡守蘇軾時從賓客僚吏往見山人飲酒於斯亭而樂之挹山人而告之曰子知隱居之樂乎雖南面之君未可與易也易曰鳴鶴在陰其子和之詩曰鶴鳴于九皐聲聞于天蓋其為物清遠閑放超然于塵垢之外故易詩人以比賢人君子隱德之士狎而玩之宜若有益而無損

者然衛懿公好鶴則亡其國周公作酒誥衛武公作抑戒以為荒惑敗亂無若酒者而劉伶阮籍之徒以此全其眞而名後世嗟夫南面之君雖清閑遠放如鶴者猶不得好好之則亡其國而山林遁世之士雖荒惑敗亂如酒者猶不能為害而況於鶴乎由此觀之其為樂未可以同日而語也山人听然而笑曰有是哉乃作放鶴招鶴之歌曰

鶴飛去兮西山之缺高翔而下覽兮擇所適翻然斂翼婉將集兮忽何所見矯然而復繫獨終日於澗谷之間兮啄蒼苔而履白石鶴歸來兮東山之陰其下

有人兮黃冠草屨葛衣而鼓琴兮躬耕而食兮其餘以
汝飽歸來兮西山不可以久留元豐元年十一
月初八日記

思堂記一首

建安章質夫築室於公堂之西名之曰思曰吾將朝
夕於是凡吾之所為必思而後行子為我記之嗟夫
余天下之無思慮者也遇事則發不暇思也未發而
思之則未至已發而思之則無及以此終身不知所
思言發於心而衝於口吐之則逆人茹之則逆余以
為寧逆人也故卒吐之君子之於善也如好好色其

於不善也如惡惡臭豈復臨事而後思計議其美惡而避就之哉是故臨義而思利則義必不果臨戰而思生則戰必不力若夫窮達得喪死生禍福則吾有命矣少時遇隱者曰孺子近道少思寡欲曰思與欲若是均乎曰甚於欲庭有二盎以畜水隱者指之曰是有蟻漏是日取一升而弃之孰先竭曰必蟻漏者思慮之賊人也微而無間隱者之言有會於余心余行之且夫不思之樂不可名也虛而明一而通安而不懈不處而靜不飲酒而醉不閉目而睡將以是記思堂不亦繆乎雖然言各有當也萬物並育而不相

害道並行而不相悖以質夫之賢其所謂思者豈世俗之營營於思慮者乎易曰無思也無為也我願學焉詩曰思無邪質夫以之元豐二年正月二十四日記

游桓山記一首

元豐二年正月己亥晦春服既成從二三子游於泗之上登桓山入石室使道士戴日祥鼓雷氏之琴操履霜之遺音曰噫嘻悲夫此宋司馬桓魋之墓也或曰鼓琴於墓禮歟曰禮也季武子之喪曾點倚其門而歌仲尼日月也而魋以為可得而害也且死為石

樽三年不成古之愚人也余將弔其藏而其骨毛爪
齒既已化為飛塵蕩為泠風矣而況於樽乎況於從
死之臣妾飯含之貝玉乎使魋而無知也余雖鼓琴
而歌可也使魋而有知也聞余鼓琴而歌知哀樂之
不可常物化之無日也其愚豈不少瘳乎二三子喟
然而歎乃歌曰桓山之上維石嵯峨兮司馬之惡與
石不磨兮桓山之下維水瀰瀰兮司馬之藏與水皆
逝兮歌闋而去從游者八人畢仲孫舒煥寇昌朝王
適王遹王肄軾之子邁煥之子彥舉

靈壁張氏園亭記一首

道京師而東水浮濁流陸走黃塵陂田蒼莽行者勌厭凡八百里始得靈壁張氏之園於汴之陽其外脩竹森然以高喬木蓊然以深其中因汴之餘浸以為陂池取山之怪石以為巖阜蒲葦蓮芡有江湖之思椅桐檜柏有山林之氣奇花美草有京洛之態華堂厦屋有吳蜀之巧其深可以隱其富可以養果蔬可以飽鄰里魚鼈筍茹可以餽四方之賓客余自彭城移守吳興由宋登舟三宿而至其下肩輿叩門見張氏之子碩碩求余文以記之維張氏世有顯人自其伯父殿中君與其先人通判府君始家靈壁而為

此園作蘭皐之亭以養其親其後出仕於朝名聞一
時推其餘力日增治之於今五十餘年矣其木皆十
圍岸谷隱然凡園之百物無一不可人意者信其用
力之多且久也古之君子不必仕不必不仕必仕則
忘其身必不仕則忘其君譬之飲食適於飢飽而已
然士罕能蹈其義赴其節處者安于故而難出出者
狃於利而忘返於是有違親絕俗之譏懷祿苟安之
弊今張氏之先君所以為其子孫之計慮者遠且周
是故築室藝園於汴泗之間舟車冠蓋之衝凡朝夕
之奉燕遊之樂不求而足使其子孫開門而出仕則

跬步市朝之上閉門而歸隱則俯仰山林之下於以養生治性行義求志無適而不可故其子孫仕者皆有循吏良能之稱處者皆有節士廉退之行蓋其先君子之澤也余為彭城二年樂其土風將去不忍而彭城之父老亦莫余厭也將買田於泗水之上而老焉南望靈壁雞犬之聲相聞幅巾杖屨歲時往來於張氏之園以與其子孫遊將必有日矣元豐二年三月二十七日記

文與可畫篔簹谷偃竹記一首

竹之始生一寸之萌耳而節葉具焉自蜩腹蛇蚹以

至于劔拔十尋者生而有之也今畫者乃節節而為之葉葉而累之豈復有竹乎故畫竹必先得成竹於胷中執筆熟視乃見其所欲畫者急起從之振筆直遂以追其所見如兔起鶻落少縱則逝矣與可之教予如此予不能然也而心識其所以然夫既心識其所以然而不能然者内外不一心手不相應不學之過也故凡有見於中而操之不熟者平居自視了然而臨事忽焉喪之豈獨竹乎子由為墨竹賦以遺與可曰庖丁解牛者也而養生者取之輪扁斲輪者也而讀書者與之今夫夫子之託於斯竹也而予以為

有道者則非耶子由未嘗畫也故得其意而已若予者豈獨得其意并得其法與可畫竹初不自貴重四方之人持縑素而請者足相躡於其門與可厭之投諸地而罵曰吾將以為韈士大夫傳之以為口實及與可自洋州還而余為徐州與可以書遺余曰近語士大夫吾墨竹一派近在彭城可往求之韈材當萃於子矣書尾復寫一詩其略曰擬將一段鵝谿絹掃取寒梢萬尺長予謂與可竹長萬尺當用絹二百五十匹知公倦於筆硯願得此絹而已與可無以荅則曰吾言妄矣世豈有萬尺竹哉余因而實之荅其詩

曰世間亦有千尋竹月落庭空影許長與可笑曰蘇
子辯則辯矣然二百五十匹吾將買田而歸老焉因
以所畫篔簹谷偃竹遺予曰此竹數尺耳而有萬尺
之勢篔簹谷在洋州與可嘗令予作洋州三十詠篔
簹谷其一也予詩云漢川脩竹賤如蓬斤斧何曾赦
籜龍料得清貧饞太守渭濱千畝在胷中與可是日
與其妻游谷中燒筍晚食發函得詩失笑噴飯滿
案元豐二年正月二十日與可没於陳州是歲七月
七日予在湖州曝書畫見此竹廢卷而哭失聲昔曹
孟德祭橋公文有車過腹痛之語而予亦載與可疇

昔戲笑之言者以見與可于予親厚無間如此也

東坡集卷第三十二

東坡集卷第三十三

記五首

碑二首

傳二首

陳公弼傳一首

方山子傳一首

東坡集卷第三十三

記五首

石氏畫苑記一首

石康伯字幼安眉之眉山人故紫微舍人昌言之幼子也舉進士不第即弃去當以蔭得官亦不就讀書作詩以自娱而已不求人知獨好法書名畫古器異物遇有所見脱衣輟食求之不問有無居京師四十年出入閭巷未嘗騎馬在稠人中耳目謖謖然專求其所好長七尺黒而髯如世所畫道人劒客而徒步塵埃中若有所營不知者以為異人也又善滑稽巧

發徵中旁人抵掌絶倒而幼安淡然不變色與人游知其急難甚於為己有客於京師而病者輒舁置其家親飲食之死則棺歛之無難色凡識幼安者皆知其如此而余獨深知之幼安識慮甚遠獨口不言耳今年六十一狀貌如四十許人須三尺郁然無一莖白者此豈徒然者哉為亳州職官與富鄭公俱得罪者其子夷庚也其家書畫數百軸取其毫末雜碎者以冊編之謂之石氏畫苑幼安與文與可遊如兄弟故得其畫為多而余亦善畫古木叢竹因以遺之使置之苑中子由嘗言所貴於畫者為其似也似猶可

貴況其眞者吾行都邑田野所見人物皆吾畫笥也
所不見者獨鬼神耳當賴畫而識然人亦何用見鬼
此言眞有理令幼安好畫乃其一病無足録者獨著
其爲人之大略云爾元豐三年十二月二日 趙郡蘇軾書

黄州安國寺記一首

元豐二年十二月余自吴興守得罪
上不忍誅以爲黄州團練副使使思過而自新焉其
明年二月至黄舍館粗定衣食稍給閉門却掃收召
魂魄退伏思念求所以自新之方反觀從來舉意動
作皆不中道非獨今之所以得罪者也欲新其一恐

失其二觸類而求之有不可勝悔者於是喟然歎曰
道不足以御氣性不足以勝習不鋤其本而耘其末
今雖改之後必復作盍歸誠佛僧求一洗之得城南
精舍曰安國寺有茂林脩竹陂池亭榭間一二日輒
徃焚香黙坐深自省察則物我相忘身心皆空求罪
始所從生而不可得一念清淨染汙自落表裏脩然
無所附麗私竊樂之旦徃而暮還者五年於此矣寺
僧曰繼連為僧首七年得賜衣又七年當賜號欲謝
去其徒與父老相率留之連笑曰知足不辱知止不
殆卒謝去余是以媿其人七年余將有臨汝之行連

曰寺未有記具石請記之余不得詞寺立於偽唐保大二年始名護國嘉祐八年賜今名堂宇齋閣連皆易新之嚴麗深穩悦可人意至者忘歸歲正月男女萬人會庭中飲食作樂且祠瘟神江淮舊俗也四月六日汝州團練副使員外置眉山蘇軾記

石鐘山記一首

水經云彭蠡之口有石鐘山焉酈元以為下臨深潭微風鼓浪水石相搏聲如洪鐘是說也人常疑之今以鐘磬置水中雖大風浪不能鳴也而況石乎至唐李渤始訪其遺蹤得雙石於潭上扣而聆之南聲函

胡北音清越枹止響騰餘韻徐歇自以為得之矣然是說也余尤疑之石之鏗然有聲者所在皆是也而此獨以鐘名何哉元豐七年六月丁丑余自齊安舟行適臨汝而長子邁將赴饒之德興尉送之至湖口因得觀所謂石鐘者寺僧使小童持斧於亂石間擇其一二扣之硿硿焉余固笑而不信也至莫夜月明獨與邁乘小舟至絕壁下大石側立千尺如猛獸奇鬼森然欲搏人而山上栖鶻聞人聲亦驚起磔磔雲霄間又有若老人欬且笑於山谷中者或曰此鸛鶴也余方心動欲還而大聲發於水上噌吰如鐘鼓不

絕舟人大恐徐而察之則山下皆石穴罅不知其淺
深微波入焉涵澹澎湃而為此也舟迴至兩山間將
入港口有大石當中流可坐百人空中而多竅與風
水相吞吐有窾坎鏜鞳之聲與向之噌吰者相應如
樂作焉因笑謂邁曰汝識之乎噌吰者周景王之無
射也窾坎鏜鞳者魏獻子之歌鐘也古之人不余欺
也事不目見耳聞而臆斷其有無可乎酈元之所見
聞殆與余同而言之不詳士大夫終不肯以小舟夜
泊絕壁之下故莫能知而漁工水師雖知而不能言
此世所以不傳也而陋者乃以斧斤考擊而求之自

以為得其實余是以記之蓋歎鄺元之簡而笑李渤之陋也

李太白碑陰記一首

李太白狂士也又嘗失節於永王璘此豈濟世之人哉而畢文簡公以王佐期之不亦過乎曰士固有大言而無實虛名不適於用者然不可以此料天下士士以氣為主方高力士用事公卿大夫爭事之而太白使脫鞾殿上固已氣蓋天下矣使之得志必不肯附權倖以取容其肯從君於昏乎夏侯湛贊東方生云開濟明豁包含宏大陵轢卿相嘲哂豪傑籠罩靡

前跆藉貴勢出不休顯賤不憂戚戲萬乘若僚友視儔列如草芥雄節邁倫高氣蓋世可謂拔乎其萃游方之外者也吾於太白亦云太白之從永王璘當由迫脅不然璘之狂肆寢陋雖庸人知其必敗也太白識郭子儀之為人傑而不能知璘之無成此理之必不然者也吾不可以不辯

薦誠禪院五百羅漢記一首

熙寧十年余方守徐州聞河決澶淵入巨野首灌東平吏民恟懼不知所為有僧應言建策鑿清泠口道積水北入于古廢河又北東入于海吏方持其議言

彊力辯口慨然論可決狀甚明吏不能奪卒以其言
決之水所入如其言東平以安言有力焉衆欲為請
賞言笑謝去余固異其人後二年移守湖州而言自
鄆來見余於宋曰吾鄆人也少為僧以講為事始錢
公子飛使吾創精舍於鄆之東阿北新橋鎮且造鐵
浮屠十有三級高百二十尺既成而趙公叔平請諸
朝名吾院曰薦誠歲度僧以守之今將造五百羅漢
像於錢塘而載以歸度用錢五百萬自丞相潞公以
降皆吾檀越也余於是益知言眞有過人者又六年
余自黃州遷于汝過宋而言適在焉曰像已成請為

我記之嗚呼士以功名為貴然論事易作事難作事易成事難使天下士皆如言論必作作必成者其功名豈少哉其可不為一言

碑二首

表忠觀碑一首

熙寧十年十月戊子資政殿大學士右諫議大夫知杭州軍州事臣抃言故吳越國王錢氏墳廟及其父祖妃夫人子孫之墳在錢塘者二十有六在臨安者十有一皆蕪廢不治父老過之有流涕者謹按故武肅王鏐始以鄉兵破走黃巢名聞江淮復以八都兵

討劉漢宏弁越州以奉董昌而自居於杭及昌以越
叛則誅昌而并越盡有浙東西之地傳其子文穆王
元瓘至其孫忠顯王仁佐遂破李景兵取福州而仁
佐之弟忠懿王俶又大出兵攻景以迎周世宗之師
其後卒以國入覲三世四王與五代相終始天下大
亂豪傑蜂起方是時以數州之地盜名字者不可勝
數既覆其族延及于無辜之民罔有孑遺而吴越地
方千里帶甲十萬鑄山煑海象犀珠玉之富甲於天
下然終不失臣節貢獻相望於道是以其民至於老
死不識兵革四時嬉遊歌鼓之聲相聞至于今不廢

其有德於斯民甚厚皇宋受命四方僭亂以次削平
而蜀江南負其嶮遠兵至城下力屈勢窮然後束手
而河東劉氏百戰守死以抗　王師積骸為城釃血
為池竭天下之力僅乃克之獨吳越不待告命封府
庫籍郡縣請吏于　朝視去其國如去傳舍其有功
於　朝廷甚大昔竇融以河西歸漢光武詔右扶風
脩理其父祖墳塋祠以太牢今錢氏功德殆過於融
而未及百年墳廟不治行道傷嗟甚非所以勸獎忠
臣慰荅民心之義也臣願以龍山廢佛祠曰妙因院
者為觀使錢氏之孫為道士曰自然者居之凡墳廟

之在錢塘者以付自然其在臨安者以付其縣之淨土寺僧曰道微歲各度其徒一人使世掌之籍其地之所入以時脩其祠宇封殖其草木有不治者縣令丞察之甚者易其人庶幾永終不墜以稱 朝廷待錢氏之意臣抃昧死以聞 制曰可其妙因院改賜名曰表忠觀銘曰

天目之山苕水出焉龍飛鳳舞萃于臨安篤生異人絕類離群奮挺大呼從者如雲仰天誓江月星晦蒙強弩射潮江海為東殺宏誅昌奄有吳越金券玉冊虎符龍節大城其居包落山川左江右湖控引島蠻

歲時歸休以燕父老賸如神人玉帶毬馬四十一年

寅畏小心厥篚相望大貝南金王朝昏亂罔堪託國

三王相承以待　有德既獲所歸弗謀弗咨先王之

志我維行之天祚忠孝世有爵邑允文允武子孫千

億　帝謂守臣治其祠墳毋俾樵牧愧其後昆龍山

之陽巋焉新宮匪私于錢唯以勸忠非忠無君非孝

無親凡百有位視此刻文

宸奎閣碑一首

皇祐中有　詔廬山僧懷璉住京師十方淨因禪院

召對　化成殿問佛法大意奏對稱　旨賜號大覺

禪師是時北方之爲佛者皆留於名相囿於因果以
故士之聰明超軼者皆鄙其言詆爲蠻夷下俚之說
璉獨指其妙與孔老合者其言文而真其行峻而通
故一時士大夫喜從之游遇休沐日璉未盥漱而戶
外之屨滿矣　仁宗皇帝以天縱之能不由師傳自
然得道與璉問荅親書頌詩以賜之凡十有七篇至
和中上書乞歸老山中　上曰山即如如體也將安
歸乎不許治平中再乞堅甚　英宗皇帝留之不可
賜詔許自便璉既渡江少留于金山西湖遂歸老于
四明之阿育王山廣利寺四明之人相與出力建大

閣藏所賜頌詩榜之曰宸奎時京師始建寶文閣
詔取其副本藏焉且命歲度僧一人璉歸山二十有
三年年八十有三臣出守杭州其徒使來告曰宸奎
閣未有銘君逮事　昭陵而與吾師游最舊其可以
詞臣謹按古之人君號知佛者必曰漢明梁武其徒
蓋常以藉口而繪其像于壁者漢明以察為明而梁
武以弱為仁皆緣名失實去佛遠甚恭惟　仁宗皇
帝在位四十二年未嘗廣度僧尼崇侈寺廟干戈斧
質未嘗有所私貸而升遐之日天下歸仁焉此所謂
得佛心法者古今一人而已璉雖以出世法度人而

持律嚴甚　上甞賜以龍腦鉢盂璉對使者焚之曰
吾法以壞色衣以瓦鐵食此鉢非法使者歸奏上嘉
歎久之銘曰　巍巍仁皇體合自然神耀得道非有
師傳維道人璉逍遙自在禪律並行不相留礙於穆
頌詩我既其文惟佛與佛乃識其眞咨爾東南山君
海王時節來朝以謹其藏

傳二首

陳公弼傳一首

公諱希亮字公弼姓陳氏眉之青神人其先京兆人
也唐廣明中始遷于眉曾祖延祿祖瓊父顯忠皆不

仕公幼孤好學年十六將從師其兄難之使治息錢三十餘萬公悉召取錢者焚其券而去學成乃召其兄之子庸諭使學遂與俱中天聖八年進士第里人表其閭曰三儁坊始為長沙縣浮屠有海印國師者交通權貴人肆為姦利人莫敢正視公捕寘諸法一縣大聳去為雩都老吏曾腆侮法粥獄以公少年易之公視事之日首得其重罪腆扣頭出血願自新公戒而捨之會公築縣學腆以家財助官悉遣子弟入學卒為善吏而子弟有登進士第者巫覡歲斂民財祭鬼謂之春齋否則有火災民訛言有緋衣三老人

行火公禁之民不敢犯火亦不作毀淫祠數百區勒
巫為農者七十餘家及罷去父老送之出境遣去不
可皆泣曰公捨我去緋衣老人復出矣以毋老乞歸
蜀得劍州臨津以毋憂去官服除為開封府司録福
勝塔火官欲更造度用錢三萬萬公言陜西方用兵
願以此餽軍詔罷之先趙元昊未反青州民趙禹上
書論事且言元昊必反宰相以禹為狂言徙建州而
元昊果反禹自建州逃還京師上書自理宰相怒下
禹開封府獄公言禹可賞不可罪與宰相爭不已
上卒用公言以禹為徐州推官且欲以公為御史會

外戚沈氏子以姦盗殺人事下獄未服公一問得其情驚仆立死沈氏訴之詔御史劾公及諸掾史公曰殺此賊者獨我耳遂自引罪坐廢朞年盗起京西殺守令富丞相薦公可用起知房州州素無兵備民凛凛欲亡去公以牢城卒雜山河户得數百人日夜部勒聲振山南民恃以安盗不敢入境而殿侍雷甲以兵百餘人逐盗至竹山甲不能戢士所至為暴或告有大盗入境且及門公自勒兵阻水拒之身居前行命士持滿無得發士皆植立如偶人甲射之不動乃下馬拜請死曰初不知公官軍也吏士請斬甲以徇

公不可獨治爲異者十餘人勞其餘而遣之使甲以
捕盜自贖時劇賊黨軍子方張轉運使使供奉官崔
德贇捕之德贇既失黨軍子則以兵圍竹山民賊所
嘗舍者曰向氏殺其父子三人梟首南陽市曰此黨
軍子也公察其冤下德贇獄未服而黨軍子獲於商
州詔賜向氏帛復其家流德贇通州或言華陰人張
元走夏州爲元昊謀臣詔徙其族百餘口於房譏察
出入饑寒且死公曰元事虛實不可知使誠有之爲
國者終不顧家徒堅其爲賊耳此又皆其疏屬無罪
乃密以聞詔釋之老幼哭庭下曰今當還故鄉然奈

何去父母乎至今張氏畫像祠焉代還執政欲以為
大理少卿公曰法吏守文非所願願得一郡以自效
乃以為宿州州跨汴為橋水與橋爭率常壞舟公始
作飛橋無柱至今沿汴皆飛橋移滑州奏事殿上
仁宗皇帝勞之曰知卿疾惡無懲沈氏子事未行詔
提舉河北便糴都轉運使魏瓘劾奏公擅增損物價
已而瓘除龍圖閣學士知開封府公乞廷辯既對上
直公奪瓘職知越州且欲用公公言臣與轉運使不
和不得為無罪力請還滑會河溢魚池埽且決公發
禁兵捍之廬於所當決吏民涕泣更諫公堅卧不動

水亦漸去人比之王尊是歲盜起宛句執濮州通判
井淵　上以為憂問執政可用者未及對　上曰吾
得之矣乃以公為曹州不逾月悉禽其黨淮南饑安
撫轉運使皆言壽春守王正民不任職正民坐免詔
公乘傳往代之轉運使調里胥米而蠲其役凡十三
萬石謂之折役米米翔貴民益饑公至則除之且表
其事旁郡皆得除又言正民無罪職事辦治詔復以
正民為鄂州徙知廬州虎翼軍士屯壽春者以謀反
誅而遷其餘不反者數百人於廬士方自疑不安一
日有竊入府舍將為不利者公笑曰此必醉耳貸而

流之盡以其餘給左右使令且以守倉庫人為公懼
公益親信之士皆指心誓為公死提點刑獄江東又
移河北入為開封府判官改判三司戶部勾院又兼
開拆司滎州煑鹽凡十八井歲久澹竭而有司責課
如初民破產籍沒者三百一十五家公為言還其所
籍歲蠲三十餘萬斤三司簿書不治其滯留者自
天禧以來未帳六百有四明道以來生事二百一十
二萬公日夜課吏凡九月而去其三之二會接伴契
丹使還自請補外乃以為京西轉運使石塘河役兵
叛其首周元自稱周大王震動汝洛間公聞之即日

輕騎出按吏請以兵從公不許賊見公輕出意色閑
和不能測則相與列訴道周公徐問其所苦命一老
兵押之曰以是付葉縣聽吾命既至令曰汝已自首
皆無罪然必有首謀者衆不敢隱乃斬元以徇而流
軍校一人其餘悉遣赴役如初遷京東轉運使濰州
參軍王康赴官道博平博平大猾有號截道虎者歐
康及其女幾死吏不敢問博平隸河北公移捕甚急
卒流之海島而劾吏故縱坐免者數人山東群盜為
之屛息徐州守陳昭素以酷鬭民不堪命他使者不
敢按公發其事徐人至今德之移知鳳翔倉粟支十

二年主者以腐敗為憂歲饑公發十二萬石以貸有司憂恐公以身任之是歲大熟以新易陳官民皆便之于闐使者入朝過秦州經略使以客禮享之使者驕甚留月餘壞傳舍什物無數其徒入市掠飲食人户晝閉公聞之謂其僚曰吾甞主契丹使得其情虜人初不敢暴横皆譯者教之吾痛繩以法譯者懼則虜不敢動矣况此小國乎乃使教練使持符告譯者曰入吾境有秋毫不如法吾且斬若取軍令狀以還使者亦素聞公威名至則羅拜庭下公命坐兩廊飲食之護出諸境無一人譁者始州郡以酒相餉例皆

私有之而法不可公以遺游士之貧者既而曰此亦
私也以家財償之且上書自劾求去不已坐是分司
西京未幾致仕卒享年六十四仕至太常少卿贈工
部侍郎娶程氏子四人恍今爲度支郎中恪卒於滑
州推官恂今爲大理寺丞慥未仕公善著書尤長於
易有集十卷制器尚象論十二篇辨鉤隱圖五十四
篇爲人清勁寡欲長不逾中人面瘦黑目光如冰平
生不假人以色自王公貴人皆嚴憚之見義勇發不
計禍福必極其志而後已所至姦民猾吏易心改行
不改者必誅然實出於仁恕故嚴而不殘以教學養

士為急輕財好施篤於恩義少與蜀人宋輔滁輔卒

於京師毋老子少公養其母終身而以女妻其孤端

平使與諸子游學卒與忱同登進士第當蔭補子弟

輒先其族人卒不及其子慥公於軾之　先君子為

丈人行而軾官於鳳翔實從公二年方是時年少氣

盛愚不更事屢與公爭議至形於言色已而悔之竊

甞以為古之遺直而恨其不甚用無大功名獨當時

士大夫能言其所為公沒十有四年故人長老日以

衰少恐遂就湮沒欲私記其行事而恨不能詳得范

景仁所為公墓誌又以所聞見補之為公傳軾平生

不爲行狀墓碑而獨爲此文後有君子得以考覽焉贊曰聞之諸公長者陳公弼面目嚴冷語言確訒好面折人士大夫相與燕游聞公弼至則語笑寡味飲酒不樂坐人稍稍引去其天資如此然所立有絶人者諫大夫鄭昌有言山有猛獸藜藿爲之不採淮南王謀反論公孫丞相若發蒙耳所憚獨汲黯使公弼端委立於朝其威折衝於千里之外矣

方山子傳

方山子光黄間隱人也少時慕朱家郭解爲人閭里之俠皆宗之稍壯折節讀書欲以此馳騁當世然終

不遇晚乃遯於光黄間曰岐亭庵居蔬食不與世相聞棄車馬毁冠服徒步往來山中人莫識也見其所著帽方屋而高曰此豈古方山冠之遺像乎因謂之方山子余謫居于黄過岐亭適見焉曰嗚呼此吾故人陳慥季常也何為而在此方山子亦矍然問余所以至此者余告之故俯而不荅仰而笑呼余宿其家環堵蕭然而妻子奴婢皆有自得之意余既聳然異之獨念方山子少時使酒好劒用財如糞土前十有九年余在岐下見方山子從兩騎挾二矢游西山鵲起于前使騎逐而射之不獲方山子怒馬獨出一發

得之因與余馬上論用兵及古今成敗自謂一世豪士今幾日耳精悍之色猶見於眉間而豈山中之人哉然方山子世有勳閥當得官使從事於其間今已顯聞而其家在洛陽園宅壯麗與公侯等河北有田歲得帛千匹亦足以富樂皆棄不取獨來窮山中此豈無得而然哉余聞光黄間多異人往往陽狂垢汙不可得而見方山子儻見之與

東坡集卷第三十三

東坡集卷第三十四

青詞二首

鳳翔醮土火星青詞一首

徐州祈雨青詞一首

祝文三十五首

禱雨蟠溪文一首

鳳翔太白山祈雨文一首

奏乞封太白山神狀一首 附

告封太白山明應公文一首

杭州祭諸神文十首

密州祭常山文五首

徐州祭枯骨文一首

謝雪文一首

祭風伯雨師文一首

湖州謁文宣王廟文一首

湖州謁諸廟文一首

杭州謁廟祝文一首

謁文宣王廟祝文一首

祭英烈王文一首

杭州祝文八首

東坡集卷第三十四

青詞二首

鳳翔醮土火星青詞一首

嗚呼天之保佑下民罔不至所資以生罔不蕃育民既不知德天亦維不勸乃朝夕戕取以厚厥躬天既不我咎乃不恭畏于神祇不脩勑厥心驕淫矜夸以于上帝威命帝用不赦丕降罪疾于下則惟雨暘常以訖我黍稷禾菽麻麥我民用蕩析隕越天亦終哀矜其忍翦棄其命罔子遺令秦民既不獲于秋乃十旬弗雨曰其尚克有夏走于山川鬼神亦罔不至既

不獲乃曰維熒惑鎮星次于井秦民其亦應受多罪

茲用即于齋宫爲壇位以與百姓請命嗚呼其庶幾

哀之俾克有夏亦克蓺厥秋民令其粟粟朝不能夕

徐州祈雨青詞一首

河失故道遺患及於東方徐居下流受害甲於他郡

田廬漂蕩父子流離飢寒頓仆於溝坑盜賊充盈於

犴獄人窮計迫理極詞危望二麥之一登救飢民於

垂死而天未悔禍歲仍大荒水未落而旱已成冬無

雪而春不雨烟塵蓬勃草木焦然今者麥已過期穫

不償種禾未入土憂及明年臣等恭循舊章並走群

望意水旱之有數非鬼神之得專是用稽首告哀籲天請命若其賦政多僻以謫見于陰陽事神不恭以獲戾于上下臣實有罪罰其敢詞小民無知大命近止願下雷霆之詔分勑山川之神朝隮寸雲莫洽千里使歲得中熟則民猶小康

祝文三十四首

禱雨蟠溪文一首

歲秋矣物之幾成者待雨而已穟者已秀待雨而實三日不雨則穟者不實矣莢者已孕待雨而秀五日不雨則莢者不秀矣野有餘土室有閑民待雨而耕

且種七日不雨則餘土不耕閑民不種矣穟者不實
莢者不秀餘土不耕而閑民不種則守土之臣將有
不任職之誅而山川鬼神將乏其祀兹用不敢寧居
齋戒擇日並走群望而精誠不歆神不顧荅吏民無
所請命聞之曰號有周文武之師太公其可以病告
乃用太祲之禮禱而不祠穀梁子曰古之神人有應
上公者通乎陰陽君親帥諸大夫道之而以請焉夫
生而為上公沒而為神人非公其誰當之詩曰維師
尚父時維鷹揚涼彼武王肆伐大商會朝清明公之
仁且勇討其神靈無所不能為也吏民既以雨望公

公亦當任其責敢布腹心公嘗圖之尚其享

鳳翔大白山祈雨文一首

維西方挺特英偉之氣結而為此山惟山之陰威潤澤之氣又聚而為湫潭缾罌罐勺可以雨天下而況於一方乎乃者自冬徂春雨雪不至西民之所恃以為生者麥禾而已今旬不雨即為凶歲民食不繼盜賊且起豈惟守土之臣所任以為憂亦非神之所當安坐而熟視也 聖天子在上凡所以懷柔之禮莫不備至下至於愚夫小民奔走畏事者亦豈有他哉凡皆以為今日也神其盍亦鑒之上以無負 聖天

子之意下以無失愚夫小民之望尚享

奏乞封太白山神狀一首附為太守宋選作

伏見當府郿縣太白山雄鎮一方載在祀典案唐天寶八年詔封山神為神應公追至　皇朝始改封侯而加以濟民之號自去歲九月不雨徂冬及春農民拱手以待饑饉粒食將絕盜賊且興臣採之道塗得於父老咸謂此山舊有湫水試加禱請必獲響應尋令擇日齋戒差官莅取臣與百姓數千人待於郊外風色慘變從東南來隆隆獵獵若有驅導既至之日陰威凜然油雲蔚興始如車蓋既日不散遂彌四方

化為大雨罔不周飫破驕陽於鼎盛起二麥於垂枯鬼神雖幽報荅甚著臣竊以為功效至大封爵未充使其昔公而今侯是為自我而左降揆以人意殊為不安且此山崇高足亞五岳若賜公爵尚虚王称校其有功實未為過伏乞 朝廷更下所司詳酌可否特賜指揮

告封太白山明應公文一首

天作山川以鎮四方俾食于民以雨以暘惟公聰明能率其職民以旱告應不踰夕帝謂守臣予嘉乃功惟新爵號往耀其躬在唐天寶亦賜今爵時惟術士

探符訪藥謂為公熒寔為公羞中原顛覆神不顧救今皇神聖惟民是憂民既飽溢　皇無禱求衮衣煌煌赤舄繡裳捨舊即新以佑我民尚享

杭州祭諸神文十首

祈雨龍祠

神食于民吏食于　君各思乃事食則無愧吏事農桑神事雨暘匪農不力雨則時畜召呼風霆來會我庭一勺之水膚寸千里尚享

祈雨吳山

杭之為邦山澤相半十日之雨則病水一月不雨則

病旱故水旱之請黷神為甚今者止雨之禱未能踰月又以旱告矣吏以不德為愧神以不倦為德願終其賜俾克有秋尚饗

祈晴風伯

維神開闔陰陽鼓舞萬類行巽之權直箕之次陰淫為霖神能散之下土墊潦神能暵之發軔西北弭節東南風反雨霽神亦不憗尚享

祈晴雨師

天以風雨寒暑付於神亦如人君之設官置吏以治刑政也人君未嘗不欲民之安天亦何嘗不欲歲之

豐乎刑政之失中民惟吏之怨雨暘之不時民亦不能無望於神也今淫雨弥月農工告窮歲之豐凶決於朝夕而並走群望莫肯顧荅維天之所以畀於神神之所以食於民者庶其在此尚率厥職俾克有秋尚享

祈晴吴山

歲既大熟惟神之賜害於垂成匪神之意築場爲塗卧穟生耳農泣于野其忍安視生爲楚英没爲吴豪烈氣不泯視此海濤反雨爲暘何足告勞有絜斯醴匪神孰號尚饗

奉詔禱雨諸廟

噫嗟艱歲胡閼斯雨念我東南餔饟中土迎秋餞伏農不再舉有事　郊廟萬方畢助漕溝絶流庭實未旅下書哀痛超軼堯禹矧兹守臣廢食悼懼民之禍福間不容縷今不憖救後訴無所天高莫謁神或可籲尚享

禱雨社稷四首

噫我侯社我民所恃祭于北墉荅陰之義陽亢不反自春徂秋迄冬不雨嗣歲之憂吏民嗷嗷謹以病告錫之雨雪民敢無報尚享社神

容州祭常山文五首

我求於神亦云亟矣尚享后稷

與天同功召呼風雲孰敢不從豈惟農田井竭無水

維神之生稼穡是力瘽身為民尚莫顧惜矧今在天

敢求其他尚闕此來尚享稷神

如暘得涼如行千里弛擔得漿今神何心茲此雨雪

農民所病春夏之際舊穀告窮新穀未穟其間有麥

去我不遠宜彰我民尚享后土

愛民宜厚雨不時應亦神之咎社稷惟神我神惟人

神食于社蓋數千年更歷聖王莫能遷源深流遠

洪惟上帝以斯民屬於山川群望亦如 天子以斯
民屬於守土之臣惟吏與神其職惟通殄民廢職其
咎惟均哀我邦人遭此凶旱流殍之餘其命如髮而
飛蝗流毒遺種布野使其變躍飛騰則桑柘麥禾舉
罹其災民其罔有孑遺吏將獲罪神且乏祀玆用慄
慄危懼謹以四月初吉齋居蔬食至于閏月辛丑若
時雨沾洽蝗不能生當與吏民躬執牲幣以荅神休
嗚呼我州之望不在神乎父老謂神求無不獲克有
常德以名玆山其可不荅以愧此名若曰歲之豐凶
在天非神之所得專吏將亦曰民之休戚在朝廷我

何知焉則誰任其責矣上帝與吾君愛民之心一也凡吏之可以請于　朝者既不敢不盡則神之可以謁于帝者宜無所不為尚享

峩峩兹山望我東國為帝司雨涵濡百物自我再禱應不旋轂迨兹有秋歲得中熟嗟此薄禮曷称其德陶匠並作新其榼桶豈以為報民苟不怍歲云徂矣麰麥未殖嗣歲之憂既謝且謁惠然雨我以永休烈尚享

比年以來蝗旱相屬中民以上舉無歲蓄量日計口歛不待熟秋田未終引領新穀如行遠道百里一宿

苟無舍館行旅夜哭自秋不雨霜露殺菽黃糜黑黍
不滿囷篚麥田未耕狼顧相目道之云遠飢腸誰續
五日不雨民在坑谷猗嗟我侯靈應響速帝用嘉之
惟新命服祈而不獲厥愆在僕洗心祇載敢詞屢瀆
庶哀斯民朝夕濡足尚享
天子有命閔茲旱暵俾我守臣並走群望惟神聰明
慈惠求無不獲既再禱矣雖嘗一雨不及膚寸吏寔
不德不足以蒙神之休導迎善氣以致甘澤洪惟
聖天子之意其可不荅而飢羸之民將轉于溝壑其
可不一救之瀆神之罰吏其敢詞尚享

維熙寧九年歲次丙辰七月某日詔封常山神為潤民侯十月某日具位蘇軾謹以清酌少牢之奠昭告于侯之廟曰嗚呼旱蝗之為虐也三年於茲矣東南至于江海西北被于河漢饑饉疾疫靡有遺矣我瞻四方大川喬嶽食于斯民者甚衆而受寵於　吾君者可謂巍巍矣訴之而必聞求之而必獲思我農夫而救其災沴不為倏雲驟雨苟以應禱之虛名而有膏澤積潤可以及民之實效卓然如侯者幾希矣凡天子之爵命有德而致之則為榮無功而享之則為辱今侯澤此一郡而施及于四鄰其受五等之爵而被

七命之服也可謂無愧而有光輝矣頋侯益脩其實以充其名上以副天子之意而下以塞吏民之望民其奉事有進而無衰矣尚享

徐州祭枯骨文一首

嗟爾亡者昔惟何人兵耶氓耶誰其子孫雖不可知熟非吾民暴骨纍纍見之酸辛為卜廣宅陶穴寬温相從歸安各反其眞尚享

謝雪文一首

天不吝澤神不忘職胡為水旱吏則不德失政召災莫知自刻雨則號晴旱則謁雪神既不譴又滿其欲

四山暮靄萬瓦晨白驅攘疫癘甲坼㽦麥牲酒匪報
維以告絜神食無愧吏則慙慄尚享

祭風伯雨師文一首

自秋不雨以至于今夏田將空秋種不入天子命我
禱于群望雲物既合風輒散之吏民皇皇不知所獲
罪敢以薄奠訴于有神風若不作雨則隨至當以牲
幣報神之賜若格絶天澤弃民乏祀上帝臨視神其
不然尚享

湖州謁文宣王廟文一首

至聖文宣王竊惟吏治以仁義為本教化為急故以

視事之三日祗見于先聖先師問所當先於學其所從來尚矣敢忘其舊尚饗

湖州謁諸廟文一首

某神軾猥以不肖來長此邦實與有神分職幽明謹以視事之三日祗見于廟惟神保祐斯民俾風雨時若疫癘屏息吏既免罪神亦不愧尚饗

杭州謁廟祝文一首

軾以王命來守此邦事神養民敢不祗飭莅政之始見于祠下安靜無事豐樂有年惟神相之使免罪戾尚饗

謁文宣王廟祝文一首

軾以諸生誤蒙選擢昔自太史通守此邦今由禁林出使浙右莅事之始祗見儒宫聖神臨之敢忘夙學尚饗

祭英烈王文一首

欽誦舊史仰瞻高風報楚為孝徇吳為忠忠孝之至實與天通開塞陰陽斡旋濤江保郭斯民以食此邦嗟我惷愚所向奇窮豈以其誠有請輒從庚子之禱海若伏降完我岸閘千夫奏功牲酒薄陋報徼施豐敬陳頌詩侑此一鍾

杭州祝文八首

祈雨祝文

杭州之為郡負山帶江水澤不留逾旬不雨農有憂色挽舟浚河公私告病吏既無術莫知所救不敢坐視惟神之求庶幾閔民之窮赦吏之瀆賜以一雨敢忘其報尚饗

謝雨祝文

舊穀不登陳廩已發稍失雨暘之節則懷溝壑之憂惟神至明有禱必應敢陳薄奠少荅殊私願推無倦之仁以畢有年之賜尚饗

祈晴祝文

大雪連日凝陰傷春閔惟艱食之民重此常寒之虐後兵墮指行旅摧輈老弱號呼吏既慙於無術陰陽舒卷神何惜而不為願掃重雲以昭靈貺使民奉事永歲益虔尚饗

謝雨祝文

軾以憂寄出守此邦歲之不登實任其咎政雖無術心則在民惟神聰明其應如響雨不暴物晴不失時喜愧之心吏民所共式陳菲薦少荅神休尚饗

祈晴祝文 吴山廟

秋穀未登既食其陳嗣歲之虞當歛其新建此秋暘載穫載春陰雨害之穡人罔功我發庫泉以實高廩昌敕雨官遄止其淫既暵我塲萬杵皆作待此坻京援我溝壑英文烈武雨霽在予稽首告病其忍弗圖

謝晴祝文

敢以清酌庶羞之奠昭告于某神賞罰在朝吏申明之及其有愆吏得正之雨暘在天神奉行之及其不時神得請之惟吏與神各率其職有求必獲則無虛食淫雨既止惟神之功肴酒匪報惟以告衷尚享

開湖祭禱吳山水仙五龍三廟祝文

杭之西湖如人之有目湖生茭葑如目之有翳翳久不治目亦將廢河渠有膠舟之苦鱗介失解綱之惠六池化爲眢井而千頃無復豐歲矣是用因賑䘏之餘貸與開鑿之利勢百日奏功所患者淫雨千夫在野所憂者疾癘庶神明之陰相與人謀而協濟魚龍前導以破堅菰葦解拆而迎鋭復有唐之舊觀盡四山而爲際澤斯民於無窮宜事神之益勵我將大合樂以爲報豈徒用樽酒之薄祭也尚享

謝吳山水仙王五龍三廟祝文

西湖堙塞積歲之患坐閲百吏熟視而歎惟愚無知

妄謂非難禱于有神陰假其便不愆于素咸出幽贊大堤雲横老蓺席卷歷時未幾功已過半嗣事告終來哲所繕神卒相之罔咈民願肴酒之報我愧不腆尚饗

東坡集卷第三十四